I0182710

Soy Ex-Gay
y ahora ¿qué hago?

Guía de sobrevivencia para
cristianos que desean dejar
atrás la homosexualidad

EDUARDO CADENA

Soy Ex Gay, y ahora ¿qué hago?

Guía de sobrevivencia para cristianos que desean dejar atrás la homosexualidad

© Eduardo Cadena 2013, 2015
Prohibida la reproducción o transmisión parcial o total por cualquier medio, sistema o método –impreso, mecánico o electrónico– sin el consentimiento por escrito del autor.

2 Cda Tatanacho M77A-3
Compositores Mexicanos, 07130
México, D.F.

1ª Edición, Septiembre de 2013
ISBN 978-607-00-7231-4

Impreso en México

Nota
A menos que se indique algo diferente, los versículos y citas bíblicas fueron tomados de la versión Reina Valera 1960 (RVR1960)

DEDICATORIA:

A mi familia, a quien amo
A mi pastor, sin él no hubiera llegado tan lejos
A mi amada esposa, una mujer maravillosa
A mis padres, por ser unos guerreros que no se amedrentan
A mis amigos de Centro Cristiano Zamar y de Exodus
alrededor del mundo

A Dios, quien rescató mi vida y le dio un nuevo sentido.
Nunca olvidaré el versículo que me ha sostenido
durante toda esta jornada:
"No temas, porque yo estoy contigo;
no desmayes, porque yo soy tu Dios que te esfuerzo;
siempre te ayudaré, siempre te sustentaré
con la diestra de mi justicia"
Isaías 41:10

TABLA DE CONTENIDO

1. A MANERA DE INTRODUCCIÓN

"Te amo"...

Esas palabras resonaban una y otra vez en mi interior. ¿Por qué tuvo que decirlas, justo ahora? Causaron un impacto tan profundo en mi corazón, que mi vida a partir de entonces no fue la misma...

Fue en una tarde de invierno; hubiera querido no llegar a esa cita en particular. Tal vez fue una mala idea; ¿En qué estaba pensando? ¿No hubiera sido mejor alejarse sin decir una sola palabra? Nadie jamás lo notaría; y si así fuese, para entonces estaría muy lejos. Pero ya no había marcha atrás y ahí estaba yo a punto de encontrarme con el destino.

- Pasa, me dijo, toma asiento...
- ¿En qué puedo servirte?

Había ensayado mi discurso por días, aunque a ciencia cierta no sabía si sería necesario decirlo, o si tendría la fuerza.

- Este, mmmh, eh...

Aspiré aire e intenté relajarme, sin éxito. Me esforcé para encontrar las palabras que había repetido una y otra vez pero en ese momento todas mis ideas parecían chocar entre ellas y desvanecerse en palabras sin sentido. Por fin, alcancé a articular:

- Vengo a despedirme. Es decir, estoy aquí por última vez porque me voy. He luchado en silencio por años sin encontrar respuesta; me siento cansado, no tengo fuerzas para seguir fingiendo... soy homosexual; lo descubrí, lo acepté. Creo que aquí no seré bienvenido de ahora en adelante así que vine a decir adiós.

Silencio absoluto. Recuerdo que seguí diciendo un torrente de palabras en aparente sinsentido mientras en mi pensamiento seguía con las mismas interrogantes ¿A dónde iría? Había pasado aquí la mayor parte de mi vida; los pocos amigos que tenía estaban aquí.

En un instante pasó por mi mente la doble vida que había llevado hasta ese momento, la forma en que había tratado de negar y luego ocultar los sentimientos, el dolor, el amor y desamor. ¿Por qué a pesar de estar con alguien no me sentía satisfecho? ¿Algún día me sentiría pleno? No tenía la respuesta, pero de algo estaba seguro y es que no podía seguir viviendo este doble juego; por primera vez en mi vida quería ser transparente, así que aquí estaba, sentado en su oficina, cuando sus palabras rompieron el silencio:

- "Te amo"…
- ¿Perdón?
- Durante mucho tiempo te he visto crecer; has estado con nosotros y tal vez no te conozco del todo pero he llegado a apreciarte. Por favor no te vayas, permanece con nosotros. No sabemos cómo ayudarte, pero podemos amarte; en el camino Dios nos guiará. Te amo, déjame ser tu amigo y caminar a tu lado.

Era la primera vez que un hombre heterosexual me decía "Te amo" de forma sincera; pude ver sus ojos humedecidos mientras me abrazaba y me decía de nuevo "Te amo"

Mi vida no volvió a ser la misma; esa tarde me encontré con el amor de Dios expresado a través de palabras que impactaron mi corazón, articuladas por un hombre: mi pastor.

En aquel entonces, tal y como el pastor me había dicho, no sabían cómo ayudarme pero Dios fue fiel y colocó en el camino a personas, ministerios, herramientas e infinidad de recursos para cumplir su propósito en mi vida. Confieso que hubiera sido útil una guía de sobrevivencia para no cometer tantos errores, y sin embargo fue suplida por el amor y ayuda incondicionales de muchas personas dentro y fuera de la iglesia.

Este libro es el resultado de años de experiencias (buenas y no tan buenas), aprendizaje y un largo caminar con Dios. Está dirigido a todos aquellos cristianos que han creído con firmeza que los milagros aún son posibles, que "Al que cree, todo le es posible" (Mr. 9:23)

Es una guía para personas que están batallando con homosexualidad no deseada; para aquellas personas para las cuales sus creencias bíblicas están en conflicto con aquello que sienten, o están viviendo. Para aquellos que tienen el anhelo de poder dejar atrás la homosexualidad.

Así que, acompáñenme en esta jornada y juntos experimentemos esperanza… deja que Dios hable a tu corazón y a tu espíritu; cree que "El cambio es posible"

2. LA MEJOR DECISIÓN DE MI VIDA

"Mi muy querido amigo:

Escribo esto ahora que todavía no parto, aunque no sé si llegarás a leerlo. Los momentos que pasamos juntos fueron muy gratos, y gracias a ellos pude darme cuenta que lo que busco no es sexo, sino algo más profundo: ser comprendido, aceptado, amado y, por supuesto, sentirme pleno y satisfecho conmigo mismo.

En la búsqueda de ello no quiero dañar a nadie, mucho menos a ti. Gracias por tu sinceridad, por tu confianza y por darte desinteresadamente. Por desgracia, nunca podré amarte como lo deseas; ni siquiera sé si podré quererte como tú me quieres.
Nada de esto es por ti. Eres una gran persona y mi deseo es que Dios te conceda encontrar el amor verdadero: aquel que sobrepasa todo entendimiento.
Hasta ahora nunca me había planteado la posibilidad de aceptarme como homosexual; pero tampoco había considerado la posibilidad de un cambio real hacia la heterosexualidad. Ahora empiezo a hacerlo.

Mi objetivo no es ser homosexual o heterosexual porque mucha gente de ambos bandos es sumamente infeliz. Mi meta es llegar a ser la persona que Dios quería que fuera cuando me creó en el vientre, cuando fui concebido. Quiero encontrar la plenitud de vida en Cristo, la vida que él tiene para mí descrita a través de la Biblia.

Ahora estoy tomando las riendas de mi vida; haciendo las maletas como dices. Lo siento, pero no puedo aceptar tu ofrecimiento de cargar con ellas porque es algo que tengo que hacer por mí mismo.

Aceptar tu invitación implica ir en contra de muchas cosas; rechazarla también. En ambos casos es doloroso, pero en un caso implica ganarlo todo: acercarme más a Dios, mi gran amor. Porque aunque no lo creas mi amor por ese Dios de la Biblia es más grande de lo que pueda sentir por ti.

Luchar en contra de la homosexualidad tal vez me lleve la vida entera, y sólo hay una cosa capaz de infundirme el valor para ir en contra aún de la lógica humana: Él estará a mi lado en todo el proceso; y aún si éste no se completa, la recompensa es grande: algún día lo veré cara a cara y estaré a su lado.

Llámame loco, cobarde o tonto, pero nunca voy a dejar a mi Dios. Perdóname si te he hecho daño. Sabes que no ha sido esa mi intención. Por favor cuídate porque a pesar de todo sigues siendo especial para mí.

No pretendo olvidar lo que pasó entre nosotros. Lo que sí quiero es que podamos ser amigos. Al embarcarme en este viaje no es para buscar respuestas, pues algunas de esas ya las tengo. Voy en busca de apoyo porque sé que no estoy solo en la decisión que he tomado.

No encuentro las palabras adecuadas para terminar esta carta. Tal vez Gracias, tal vez Te estimo, tal vez el tiempo lo dirá...[1]

Con esta carta me despedí de un mundo que hasta ahora había sido una opción. Ahora no lo era más, pero de aquí en adelante tuve que tomar decisiones radicales, como desechar mi agenda y eliminar muchos de los contactos que podrían significar un tropiezo en mi nuevo caminar. Tuve que dejar de acudir a algunos lugares que frecuentaba, así como dejar de caminar por algunas zonas de la ciudad en donde sabía que seguro podría encontrar a alguien con quien pasar un buen rato.

Aparte de confesarlo a mi pastor, tuve que considerar la posibilidad de que mis padres y amigos más cercanos supieran las cosas con las que ahora estaba luchando, sabía que no podría lograr salir adelante si permanecería solo en esta jornada, así que tuve que ser valiente.

Con el paso de los días, las semanas y los meses, me di cuenta que estaba completamente solo y empecé a cuestionarme si realmente estaba cuerdo cuando tomé la decisión de dejar todo atrás, si en realidad valdría la pena, si había respuestas más adelante, si algún día todo este torbellino de acontecimientos, emociones y cambios pararía y habría algo de calma.

---

[1] Cadena, Eduardo. Diario personal

No podría saber cuántas lágrimas había derramado en ese tiempo, cuántas oraciones elevé y cuánto dolor había soportado. Cuando papá se enteró, fue a parar al hospital por un pre infarto al corazón, y mamá no salió de su habitación por un mes completo.

Después de un año me di cuenta que en realidad nada había cambiado y tenía más preguntas que respuestas, había días en que la ansiedad y la melancolía me invadían y las emociones me jugaban una mala pasada; me sentía distante de otros, rechazado, ni siquiera me reconocía; ¿En quién me había convertido? Ante otros tenía que fingir que todo iba bien, pero en la soledad de mi habitación sabía que no era así, que todo parecía gris y nublado.

Uno de esos días estuve ojeando mi diario, sobre todo las cosas que había escrito muchos meses atrás:

"Mi vida es un desastre, pero nadie lo sabe...
Siento que estoy alejado de mi Señor...

Tengo un gran vacío interior...

Estuve bebiendo...

No quiero sexo, lo que quiero es sentirme amado, importante...

Nada está bien conmigo...

Empecé a dañar mi cuerpo, me hice algunas heridas...

Es una prisión que se va haciendo cada vez más poderosa, y de la que es más difícil escapar...

No quiero seguir así, por ahora me resisto pero no sé si podré aguantar más...

Por favor, ¡Que alguien me ayude!"

¡Vaya! Jamás pensé que, aún sin darme cuenta, pequeños cambios se habían estado operando en mi vida, en el pensamiento y corazón. Por lo menos ya no estaba en total oscuridad como cuando escribí eso; ahora había una luz al final del túnel, sobre todo, ¡Tenía esperanza! Y eso es algo que nadie podría quitarme.

En su misericordia, Dios permitió que al pasar el tiempo, personas alrededor me alentaran para no volver atrás. Sobre todo, algo que me ayudó para no desfallecer es buscar a Dios en oración; cultivar esa relación con mi Padre celestial. Tenía varios versículos bíblicos escritos en tarjetas pequeñas que cargaba y eran alimento fresco para mi alma. Una buena amiga me había dicho que nuestra sanidad depende de nuestra intimidad con Dios, viene como consecuencia de la afirmación de parte del Padre.

Había leído en algún libro que en esta jornada necesitaba aferrarme con todas mis fuerzas a un versículo bíblico, porque cuando las cosas se pusieran difíciles, eso sería mi ancla, así que estuve orando un tiempo a Dios y un día desperté con una promesa de Dios en mi mente. Nunca había leído la Biblia completa, así que ignoraba si eso que estaba en mi mente, estaba siquiera escrito; empecé a buscar y finalmente encontré que la promesa que Dios me estaba dando, estaba en Isaías 41:10

"No temas, porque yo estoy contigo; no desmayes, porque yo soy tu Dios que te esfuerzo; siempre te ayudaré, siempre te sustentaré con la diestra de mi justicia"

Ese versículo bíblico me ha acompañado desde entonces; cuando he sentido temor, cuando he querido desmayar, siempre recuerdo la fidelidad de Dios. Él siempre ha estado ahí para ayudarme; no me ha dado todo lo que le he pedido, pero sí me ha dado todo lo que he necesitado.

Así que, después de todos los altibajos y sinsabores, tuve que preguntarme una y otra vez si la decisión que había tomado en realidad valía la pena, y la respuesta era: Si. Tomé la decisión no por la presión de otros, sino por iniciativa propia, porque mis valores no estaban en concordancia con lo que estaba viviendo, porque Su amor estaba transformando mi vida, llenando los vacíos, cambiándome de adentro hacia afuera; Si, valía la pena pagar el precio.

TIPS DE SOBREVIVENCIA:

- ✓ Antes de tomar una decisión, asegúrate que lo estás haciendo por los motivos correctos, porque realmente eres tú quien desea cambiar, no porque quieres agradar a tu pastor, a tus padres, a tus amigos o a alguien más

- ✓ Mira tu decisión con perspectiva: cuando pasen los años y tus padres, pastor o amigos hayan muerto, estarán solos Tú y tu decisión

✓ Toma decisiones radicales si quieres un proceso de restauración radical. Como dicen por ahí, si quieres que todo siga como hasta ahora, haz las cosas como hasta ahora las has hecho, pero si quieres que algo sea diferente, cambia tú y haz algo diferente

✓ Recuerda que la jornada será larga, difícil y dolorosa, pero has tomado la mejor decisión y eres valiente por haberlo hecho

✓ Busca un versículo ancla, una porción de la Biblia que te ayude a seguir adelante a pesar de las dificultades, aún en medio de los tiempos difíciles

PARA EL CONSEJERO:

✓ Es difícil soltar a la persona a quien estás aconsejando, pero debes asegurarte que está tomando la decisión de dejar atrás su vida de quebranto sexual por sí mismo(a), sin presiones de otras personas, ya que si lo hace por ésta razón, no tendrá la determinación necesaria para sortear todos los obstáculos que se presenten. Si tu aconsejado(a), después de un tiempo de introspección y meditación, decide que no es la decisión que quiere, es mejor dejarle ir, expresarle amor incondicional y dejar la puerta abierta. Ora para que Dios sea quien trate con él; después de todo, Él quiere su bienestar, tanto o más que tú.

DE MI DIARIO:

"Dios está haciendo pedacitos mi vida. Hay muchas cosas a las que he tenido que renunciar. Es muy doloroso y triste y aún no lo puedo asimilar. Pensé que mi vida se había terminado, pero Dios me ha dado nueva esperanza"

3. LO QUE LA CIENCIA NO DICE: ¿NACÍ HOMOSEXUAL?

Hoy en día no es políticamente correcto decir que el homosexual que quiera hacerlo puede cambiar, aunque sí es científicamente correcta tal afirmación. En los últimos años se ha difundido en los medios de información masiva la idea de que la homosexualidad no se puede cambiar. "Pues si no es gripe" se escucha en conversaciones callejeras, o "No es una enfermedad" o "Así nacieron"

Entonces la cuestión medular que nos interesa es ¿El homosexual nace o se hace? ¿La homosexualidad es genética?

Independientemente de esto último, deberíamos estar todos de acuerdo en que los homosexuales son personas, creados a imagen de Dios, reflejando Su dignidad, y por lo tanto, merecen respeto y no deberían ser objeto de burla, odio o violencia.

Ahora bien, entrando en materia, es importante saber si hay un sustento científico para la declaración "la homosexualidad es genética"; hay muchos esfuerzos que se han hecho en este sentido, ya que se ha llegado a afirmar que si la homosexualidad está en los genes, por lo tanto no se puede cambiar ya que sería una característica inmutable e incluso hereditaria, como el color del cabello o de la piel.

A lo largo de los años, varios estudios científicos han tratado de explicar las causas de la homosexualidad. En el presente trabajo sólo analizaremos aquellos estudios que han sido más sólidos y que por tanto se les ha dado difusión en los medios de información, dando por sentado que lo que afirman es cierto.

Estudio #1: La estructura cerebral[2]

En la revista científica Science de agosto de 1991, Simon LeVay, del Salk Institute en San Diego, publicó un estudio sobre diferencias de la estructura cerebral entre homosexuales y heterosexuales. La investigación dijo encontrar que los hombres homosexuales tenían el hipotálamo más pequeño que los heterosexuales.

El hipotálamo es una estructura cerebral con un tamaño entre 2-3 centímetros. Contiene (entre muchas otras cosas) cuatro grupos de células muy pequeñas, llamadas Núcleos Intersticiales del Hipotálamo Anterior (INAH, por sus siglas en inglés). Entre ellos está el INAH-3, estudiado por LeVay.

---

[2] LeVay, Simon, "A difference in Hypothalamic Structure Between Heterosexual and Homosexual Men", Science, vol. 253 (1991): 1034-1037

En la siguiente ilustración se puede observar de forma esquemática el hipotálamo, que es una de las estructuras cerebrales que, combinada con otras, interviene en el control del hambre, sed, sueño, temperatura corporal, libido, secreción hormonal y algunas emociones.

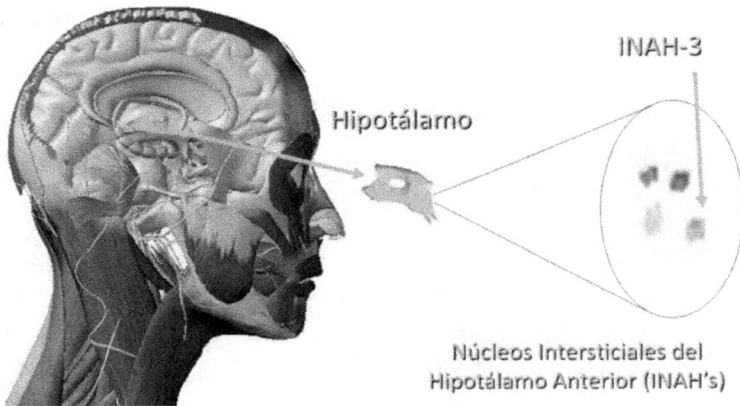

Núcleos Intersticiales del
Hipotálamo Anterior (INAH's)

En la parte derecha del esquema, seleccioné el hipotálamo y lo puse aparte para que pueda ser mejor apreciado. Imaginemos por un momento que podemos ampliar esta estructura cerebral de forma tal que al tenerla en las manos podamos palpar una pequeña protuberancia en uno de sus extremos. Ahora, imaginemos que esa pequeña protuberancia la hacemos crecer hasta que podemos ver cuatro pequeños granulitos, por así decirlo; se trata de los INAH 1, 2, 3 y 4, cada uno de los cuales es más pequeño que un copo de nieve. Esas son las estructuras que Simón Levay dijo que tenían un tamaño diferente.

El estudio, tenía al menos tres fallas obvias:

1. Basado en un grupo pequeño de 41 cadáveres masculinos, incluyendo a 19 varones homosexuales. Todos los hombres homosexuales habían muerto de SIDA; este hecho, de acuerdo con otros investigadores podría considerarse como la causa contribuyente a las diferencias (en el tronco cerebral).

2. No hay forma de determinar si un hipotálamo pequeño es la causa o el resultado de comportamiento homosexual.

3. La sección del cerebro que LeVay media (la INAH3) era bastante pequeña, incluso más pequeña que un copo de nieve, según las entrevistas con científicos. Sus colegas en la comunidad neurocientífica, no se podían poner de acuerdo sobre si la INAH3 debiese ser medida de acuerdo con su tamaño y volumen, o por el número de neuronas.

El mismo Levay, declaró tres años más tarde[3]:

"No he probado que la homosexualidad sea genética.

No he encontrado una causa genética para el ser gay.

---

[3] D. Nimmons, "Sex and the brain", Discover vol. 15, no. 3 (March 1994), pp. 64-71

No demostré que los hombres gay nazcan así, lo cual supone el error más común a la hora de interpretar mi trabajo.

Ni siquiera ubiqué un punto gay en el cerebro. Como estudié cerebros adultos, ignoramos si las diferencias que encontré estaban ahí desde el nacimiento o aparecieron más tarde"

Por lo tanto, es una falacia concluir que la homosexualidad está determinada de algún modo desde el nacimiento.

Estudio #2: Los gemelos[4]

En 1991, en otro estudio, Michael Bailey de Northwestern University y Richard Pillard de la Universidad de Boston trataron de mostrar que la homosexualidad ocurría con más frecuencia entre gemelos idénticos que entre gemelos fraternales.

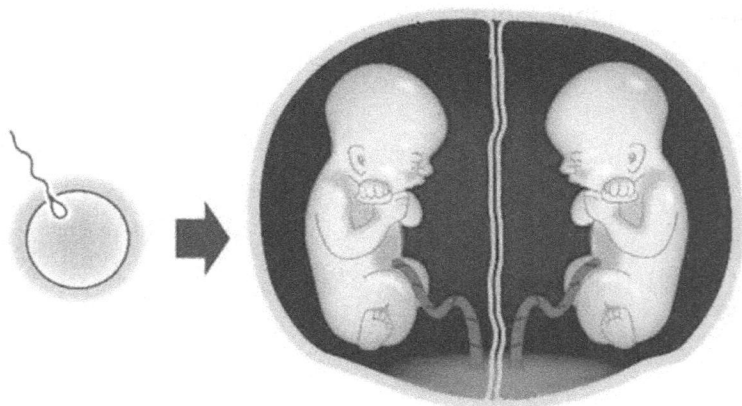

Su estudio tenía una falta fundamental: Todos los gemelos crecieron juntos. Una de las deficiencias de este estudio fue la ausencia de un grupo control de gemelos criados separadamente, con el cual tendrían que haber comparado sus conclusiones. Si lo hubieran hecho, habrían encontrado otros factores influyendo en el comportamiento de los gemelos, tales como la dinámica familiar y la relación con los padres. Por otra

---

[4] Bailey, Michael J., Pillard, Richard C., "A Genetic Study of male sexual orientation", Archives of general psychiatry, vol. 48 (December 1991): 1089-1096

parte, sólo aproximadamente, la mitad de los gemelos idénticos estudiados eran ambos homosexuales.

Si el estudio de la homosexualidad entre gemelos demostrara que ésta es puramente genética, entonces ambos gemelos tendrían que haber sido homosexuales en todos los casos.

El Dr. Simon LeVay, al preguntarle su opinión sobre este estudio afirmó: "Los estudios sobre gemelos sugieren que la homosexualidad no es un rasgo que esté definido desde el nacimiento, ya que incluso los gemelos idénticos no tienen siempre la misma orientación sexual"[5].

El propio Dr. Bailey declaró un año después de haber publicado su estudio: "Algo debe haber en las circunstancias ambientales que produzca los gemelos discordantes"[6].

Este estudio representa, por lo tanto, un caso de genética mal interpretado.

---

[5] M. MADDOUX, Answers to the gay deception, p. 26
[6] D. GELMAN et al, "Born or bred?", Newsweek (February 24th, 1992), p. 46

Estudio # 3: El cromosoma X[7]

Cinco investigadores dirigidos por Dean Hamer, del Instituto Nacional del Cáncer, publicaron un estudio en julio de 1993, cuyo objetivo era conectar la homosexualidad masculina con una región específica del gen del cromosoma X. De acuerdo con Hamer: "Ésta es la evidencia más fuerte, que tenemos hasta el momento, de que existe un componente importante genético en la orientación sexual".

A continuación se presenta un esquema del cromosoma X, el cual es heredado por la madre, en el caso de los varones.

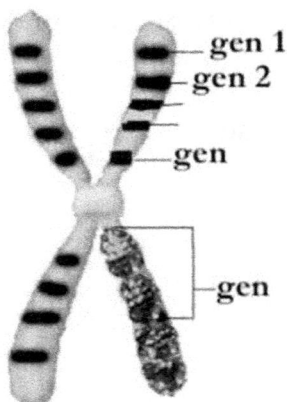

En la siguiente ilustración se presenta el cromosoma X, visto de perfil, con el gen Xq28 resaltado, que es la sección que este estudio pretendió identificar como "el gen gay"

---

[7] Dean H. Hamer, et al., "A Linkage Between DNA Markers on the X Chromosome and Male Sexual Orientation," Science, vol. 261 (1993): 321-327

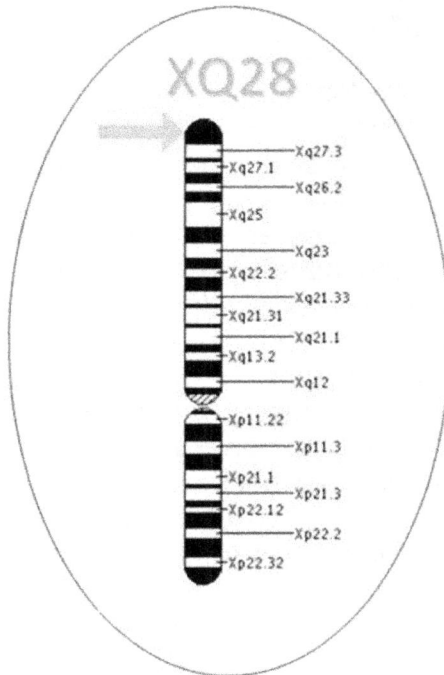

Otros expertos en el área dijeron que existían varios problemas con el estudio de Hamer:

1. Un equipo de investigación canadiense no ha podido duplicar los hallazgos, a pesar de utilizar un diseño experimental comparable.

2. Hamer limitó su búsqueda al cromosoma X, basándose en entrevistas a familias que aparentemente tenían un número desproporcionadamente alto de hombres homosexuales, provenientes del lado materno de la familia.

3. Uno de los coautores de Hamer ha expresado preocupación acerca de la metodología del estudio. Existen algunas interrogantes sobre si los resultados de Hamer, son estadísticamente significativos. Sus conclusiones se apoyan en la suposición de que el porcentaje de homosexualidad en la población sea del 2%. Si el porcentaje es en realidad más alto, entonces los resultados de Hamer no son estadísticamente significativos.

Es interesante observar que la cifra del 2% se ajusta más a la realidad, que el porcentaje tan a menudo citado del 10% de homosexuales. La cifra menor la introducen cuando es necesario reforzar este efecto, aunque generalmente en otras ocasiones los medios de comunicación han pasado por alto esta discrepancia.

Estudio #4: La homosexualidad en el estudio genético molecular[8]

En el año 2008, Alan Sanders quería encontrar bases genéticas para la homosexualidad, por lo que recolectó información genética y datos sociológicos de más de mil parejas de hermanos homosexuales, una muestra diez veces más grande que la que se utilizó en el estudio de 1991 realizado por Bailey y Pillard. Sanders buscaba comparar los genomas para detectar áreas que aparecieran con una frecuencia no

---

[8] Sanders, A. R. et al., "Biodemographic and Physical correlates of sexual orientation in men", Archives of sexual behavior (2010) 39:93-109

explicable por el azar, lo cual indicaría la existencia de genes que podrían estar vinculados con la orientación sexual, pero no los encontró, por lo que concluyó que la conducta humana no era producto de factores genéticos sino de influencias sociales y ambientales.

Neil Whitehead mencionó que no existe un gen de la homosexualidad[9], sino que interactúan otros factores no genéticos como influencias sociales y ambientales, que tal vez una persona podría venir predeterminada genéticamente para ser el mejor atleta del mundo; sin embargo, si sus influencias ambientales le llevan a elegir ser artista, no necesariamente por genética será un deportista.

Incluso la división 44 de la APA, que en 1998 había afirmado que la genética jugaba un papel fundamental en la orientación sexual, rectificó en el año 2008: "No ha habido evidencia científica que muestre que la orientación sexual sea de origen genético; todo parece indicar que existen otros factores como el ambiente"[10]

Por lo tanto podemos concluir que la genética no es responsable de la conducta humana, y la conducta humana no puede justificarse por la genética.

Además, determinantes genéticos han sido propuestos para el alcoholismo o la depresión, pero ambos no se consideran como algo saludable. Al contrario, tratamos de ayudar a las personas que tienen estas tendencias,

---

[9] Whitehead, Neil and Briar, "My genes made me do it", Huntington House Publishers (1999): 233p.

[10] American Psychological Association. (2008). Answers to your questions: For a better understanding of sexual orientation and homosexuality. Washington, DC: Author.

para que mejoren y se restablezcan. Lo mismo es cierto de la homosexualidad.

Investigación actual que ofrece evidencia del cambio:

Durante los últimos 80 años se han obtenido evidencias que muestran que la homosexualidad (Atracción al Mismo Sexo ó AMS) es una condición adquirida. Los psiquiatras y psicólogos han justificado estos hallazgos después de años de estudios e investigación clínica.

El Dr. Robert Kronemeyer declaró: "La homosexualidad no es hereditaria ni resultado de algún tipo de desequilibrio glandular, o de una codificación de genes o cromosomas... La homosexualidad es aprendida como una reacción frente a las experiencias dolorosas de la infancia, razón por la cual puede ser desaprendida[11]"

El Dr. Ruben Fine dijo: "Si los pacientes son motivados, cualquiera que haya sido el procedimiento adoptado, un gran porcentaje superará su homosexualidad. En relación con esto, la difusión pública es de gran importancia. La desinformación difundida por ciertos grupos de que la homosexualidad no se puede tratar a través de la psicoterapia, daña enormemente a miles de hombres y mujeres[12]".

[11] Kronemeyer, Robert. "Overcoming Homosexuality" Mac Millan Pub Co., February, 1980, 220 p.
[12] Fine, Ruben. "Psychoanalytic theory, male and female homosexuality: Psychological approaches" New York; Hemisphere, 1987, p. 84-86

El Dr. Jeffrey Satinover dijo al respecto: "La evidencia existente sugiere fuertemente que la homosexualidad es totalmente cambiable[13]"

Hay algunos otros estudios que se han realizado, sin embargo pienso que con esta pequeña muestra será suficiente para sustentar que la declaración "Los homosexuales no pueden cambiar" es una generalización. Varias fuentes proveen evidencia para un cambio parcial o completo en orientación sexual.

Tal evidencia no significa que cada persona homosexual debería cambiar.

No significa que todos pueden cambiar.

Tampoco significa que el cambio es fácil.

Significa que, al menos para algunas personas, el cambio de la orientación sexual es posible.

Para los **cristianos**, cuyos deseos y/o conducta chocan con aquello que **creen** sobre el propósito de Dios para la homosexualidad, hay esperanza. La Biblia declara en 1 Corintios 6:9-11 que en la iglesia de Corinto había muchas personas que habían practicado el robo, la mentira, la fornicación, el adulterio, la homosexualidad y un sinfín de otras conductas, habían encontrado vida abundante en Jesucristo, habían sido lavados, santificados y justificados.

Aún si en un futuro se descubriera que hay algunos componentes genéticos que nos predisponen hacia el alcoholismo, la depresión, o incluso la

---

[13] Satinover, Jeffrey B. "Homosexuality and the politics of truth" Baker Books, February, 1996, 288 p.

homosexualidad, no estamos obligados a actuar conforme a nuestra carne, sino que podemos caminar con las promesas de Dios en mente. Él ha dicho "Al que cree, todo le es posible" (Mr. 9:23).

Si estás luchando con la homosexualidad no deseada y te sientes atrapado, hay esperanza. El camino es largo y lleno de obstáculos; pero hay libertad en abundancia para aquellos que estén dispuestos a asumir el riesgo. Investiga las causas de tus luchas personales. Explora las profundidades de su corazón y considera la voluntad de Dios en tu vida, ¡Él tiene un camino de vida abundante para ti!

4. ¿DE VERDAD PUEDO CAMBIAR?

Cuando tenía unos doce años contraje una rara enfermedad en uno de mis pies; mi madre me llevó en varias ocasiones con el médico, y a pesar del tratamiento mi condición sólo empeoraba; tal vez mi padre, en su desesperación, quiso hacer algo por ayudar, así que curó mi pie con mucha fuerza usando un remedio casero que me provocaba mucho dolor. Mientras mi padre hacía eso, vinieron a mi mente recuerdos de cuando me lastimé el tobillo y me obligó a caminar así, de cuando me golpeaba al llegar borracho a casa, del abuso sexual a manos de otro hombre, del escarnio público por parte de un familiar que me exhibió desnudo ante sus amigos y del abandono y humillación por parte de otros hombres; me llené de indignación y de ira, ¿Cómo alguien lo había permitido? ¿Por qué los hombres se comportan así? No lo iba a tolerar más:

- *"Juro por Dios que nunca más permitiré que un hombre se meta en mi vida. Los hombres*

33

abandonan, hieren, abusan, no quiero ser un hombre, juro por Dios que no lo seré"

Desde los ocho años, cuando fui víctima de abuso sexual, había decidido que no era seguro estar con hombres, por lo que en la escuela sólo cultivé amistad con niñas y me dediqué con ahínco a obtener buenas notas académicas para agradar a mi madre, pero ahora había llegado al hartazgo. Ese día inconscientemente me divorcié de mi identidad masculina; en el fondo quería deshacerme de tanto dolor, tanta soledad... Tan sólo tenía doce años de edad, ¿Cómo alguien podría vivir con tanta confusión acumulada?

En adelante, y sólo por si las dudas, miré a los hombres con recelo y desconfianza; si me topaba con alguno por la calle, cruzaba al otro lado y continuaba con mi camino. El silencio y la vergüenza se volvieron mis fieles compañeros.

El despertar de la sexualidad trajo consigo nuevos problemas y cuestionamientos: ¿Por qué quiero consistentemente agradar a ese chico en particular? ¿Por qué razón deseo llamar su atención, que note que estoy ahí, que sepa mi nombre? ¿Por qué, a pesar de que juré que no los necesitaba, pareciera que sin ciertos chicos la vida no valía la pena? Los susurros en los pasillos, revistas introducidas a hurtadillas, mentiras sobre las conquistas con las chicas, los deportes rudos, logros atléticos... el mundo de los chicos había cambiado tanto, anhelaba ser parte del grupo, fingía adaptarme a ellos y compartir sus intereses pero al final de cuentas sabía que nunca podría dar la talla, que era inferior, algo hacía falta en mi vida.

Jamás recibí información alguna sobre sexualidad, o pareja, o cómo enfrentar la vida. ¿Qué hacer cuando en presencia de otros chicos a los que consideraba atractivos, todo se tornaba cálido y perdía la cabeza?

Todo mi mundo se había vuelto sensual, pensaba en sexo en casi todo lo que hacía; la masturbación y fantasías se habían convertido en un verdadero dolor de cabeza, pero nadie debería saber jamás lo que pasaba por mis pensamientos, por lo que aprendí a fingir conmigo mismo, con mis amigos, con mi familia... y con Dios.

Me aterraba la idea de que Dios fuera hombre.

"¿Quién eres? ¿Dónde te encuentro? ¿Por qué estás tan lejos de mi vida y de mi mundo? Si en verdad existes, ¿También me abandonarás? Te necesito tanto, mi mundo está de cabeza y quiero creer que puedes arreglarlo; por favor dime que no eres como los otros hombres"

Con el tiempo seguí sintiéndome inadecuado, tonto, un farsante, no sabía cómo conciliar todo esto que sentía con los valores que me habían sido enseñados. En la iglesia me habían enseñado que la homosexualidad estaba mal, pero nunca me habían dicho qué hacer con todo esto que estaba experimentando, así que poco a poco me empecé a alejar de la iglesia, y casi sin darme cuenta, empecé a buscar todo cuanto pude sobre la homosexualidad, sin saber que en el camino esta búsqueda me conduciría a un nuevo mundo hasta ahora desconocido; empecé a mirar pornografía y a asimilar mi vida para que se ajustara con el mundo que estaba descubriendo. Conocí nuevos amigos que me ayudaron a aceptar que así había nacido, y me sentía libre por primera vez pero en el fondo no aceptaba muchas cosas que veía y que chocaban con las normas que hasta ahora tenía.

Tal parecía que no había vuelta atrás, así que empecé a ignorar a mi conciencia, que cada vez se volvía más silenciosa. Aún seguía fingiendo, pero en el fondo realmente quería ser buena persona, que todo estuviera bien, que hubiera una salida de todo esta vida en la que me había involucrado.

¿Algún día habría salida? Tal vez no, ya había intentado reprimir esto que sentía, pero se hizo más fuerte, ya había intentado ser bueno y vencer la tentación pero aguantaba muy poco y se convertía en un círculo vicioso.

En las páginas anteriores seguramente leíste sobre cómo tuve un encuentro con Dios que trastornó mi mundo, un encuentro con su amor y con la esperanza. Aún después de haber rendido mi vida a Cristo, seguía batallando con la cuestión de si algún día realmente podría cambiar, no en apariencia, no de labios, no sin reprimir lo que sentía.

Me di cuenta que la jornada sería un reto difícil de lograr, pero que al lado de Dios finalmente llegaría a conquistar.

Quizá tú mismo te hayas hecho esta pregunta algún día, o quizá ahora mismo estás buscando una respuesta. Deja que las páginas de mi diario te ayuden a descubrirlo:

"Hoy es uno de esos días en que me pongo a reflexionar sobre la vida, mi vida. ¿Qué he logrado hasta ahora?

Exactamente no sé si he logrado algo, pero lo cierto es que por lo menos estoy vivo. La vida es digna de ser vivida; eso lo tengo que recordar constantemente. Hace muchos años me encontraba tan deprimido que ni siquiera quería vivir. La idea del suicidio no sonaba tan descabellada...

¿Qué ha pasado desde entonces? Jesús transformó mi vida. Y de una manera que ni siquiera esperaba.

Durante este peregrinaje, pasé por varias etapas:

- *¿Dónde estaba Dios cuando fui abusado sexualmente?*

- *¿Porqué no puedo vivir "mi vida loca"?, ¿Por qué tengo que ser "buen chico"?*

- *Exijo que me cambies, no quiero ser homosexual*

- *Dios, nunca podré cambiar, por favor, date por vencido conmigo*

- *No quiero que me cambies, lo único que quiero es estar contigo*

Y lo peor, nunca pensé llegar a esta etapa:

- *Dios, gracias por mi homosexualidad indeseada. Todavía no entiendo porqué pasaron todas esas cosas, pero esta experiencia me ha ayudado a acercarme más a ti, a conocerte en una forma en que tal vez no hubiera sucedido si mi vida no se hubiera roto*

Ahora examino mi vida a la luz de una nueva realidad. Mi vida ha cambiado tanto que yo mismo no me reconozco. Es cierto, soy yo mismo, pero un nuevo yo. Me miro al espejo y ya no veo esa mirada perdida, el llanto contenido, el rostro inexpresivo.

¡Ah! Y ya no tengo que fingir. Ahora mi familia, mis amigos y la iglesia saben que me estoy recuperando de un pasado homosexual. Requirió de mucha fuerza de voluntad y de muchos años para poder llegar a donde estoy. Pero ha valido la pena.

En ocasiones no sé cómo actuar. Me es complicado adaptarme a mi "nuevo yo" Antes ni siquiera pensaba en las mujeres como parte de mi vida. Una parte de mi las odiaba. Por débiles, por manipuladoras... Y porque era el único refugio a donde podía acudir cuando los hombres se burlaban de mi o me lastimaban.

Verbalmente, y ante mis amigos y familiares, siempre decía que un día me casaría, tendría una familia e hijos. Pero por dentro yo sabía que eso nunca sucedería, que nunca me casaría... por lo menos con una mujer.

Ahora, estoy comprometido con una hermosa mujer, y cuento los días en que por fin podremos estar juntos. Ser uno solo... en nuestra noche de bodas. Estoy emocionado, feliz. Todavía recuerdo nuestro primer beso... algo electrizante, algo dulce, rico. Y por primera vez en mi vida no me sentí sucio ni con culpa. Yo sabía que Dios se agradaba de lo que estaba haciendo. Y eso no tiene precio.

¿Qué tanto ha cambiado mi vida?

Bueno, antes me deprimía todos los días, pensamientos sucios y sombríos me perseguían a dondequiera que iba. Ahora también me deprimo, pero esporádicamente, como cualquier mortal.

Antes quería ser otra persona, más guapo, más alto, más musculoso, con más gracia, carisma, dinero, estilo.

Ahora me acepto tal y como soy. No quiere decir que soy conformista, pero ahora me valoro, estoy completo, me gusta como soy, me gusta mi físico. Obviamente hay cosas que me gustaría cambiar, pero ya no es una obsesión.

Antes la lujuria me consumía. Cualquier mirada, abrazo, favor y cortesía de cualquier hombre era malinterpretada con intenciones sexuales. A donde quiera que fuera, siempre buscaba una oportunidad para caer.

Ahora sé que puedo tener camaradería con otros hombres, y que puedo saciar mis legítimas necesidades emocionales a través de una sana amistad. Correspondo a la cortesía con sensatez y madurez. Es cierto, de repente veo un hombre atractivo que pasa por ahí pero puedo reconocer que me gusta como viste, o que tiene estilo, o que tiene buen cuerpo. Pero no más.

De repente me dicen que no me engañe, y a veces pienso si no he me estoy engañando a mí mismo ¿Quiere decir que no he cambiado? No, eso quiere decir que el día de hoy estoy más sano que ayer, que hace un año, que hace cinco años. Y como Dios continúa su obra regeneradora, sé que dentro de un año estaré aún más sano.

La homosexualidad ya no es siquiera un fantasma. Es sólo un recuerdo de mi pasado, pero también es una señal de advertencia. No puedo descuidarme. Como cualquier enfermo de diabetes, puedo vivir una vida normal, pero tengo que tomar "mi medicina" todos los días si quiero vivir una vida plena. Es decir, tengo límites sanos, y he tomado decisiones radicales. Esos límites y decisiones en su momento fueron causa de rebeldía, pero ahora entiendo que son limitaciones para mi bien.

En resumen puedo decir que he logrado un mejor control y entendimiento de mis emociones. Soy capaz de identificar y saciar de forma sana y adecuada mis necesidades legítimas. Tengo una buena relación con Dios; una relación sobria y madura. Soy capaz de amar y dejarme amar sin protagonismos, celos o máscaras. Puedo ser yo mismo en cualquier lugar a donde vaya.

Y cuando estoy cerca de mi novia, y puedo susurrarle al oído que la amo, entonces pienso que ningún sacrificio es demasiado grande con tal de estar cerca de ella. Y cuando estoy en la presencia de Dios, adorándole, platicando con Él, pienso que Su sacrificio no fue en vano, y que ha valido la pena para poder estar cerca de Él. Para sentirme amado. Cuando estoy ahí, en el lugar Santísimo, pienso que nada me falta, que he llegado al lugar donde pertenezco, en donde siempre quise estar. No hay nada mejor que sentirse amado por Dios.

Y a pesar de que tengo que vivir todos los días batallando contra mi carne, el diablo y el mundo, me gusta mi nueva realidad. Para esta hora he llegado. Para esto fui creado, para disfrutar y ser disfrutado por Dios"

TIPS DE SOBREVIVENCIA:

- ✓ Recuerda que "El cambio es posible", Dios aún está en el negocio de sanar, restaurar y dar vida. Él no ha cambiado, así que puedes confiar en que terminará la buena obra que ha comenzado contigo.

- ✓ Ten presente que la jornada de restauración es un camino que se hace paso a paso y es diferente para cada persona; aún así hay cosas en común que las personas comparten al ir creciendo y madurando.

PARA EL CONSEJERO:

- ✓ Recuerda que tu aconsejado ha experimentado rechazo a lo largo de muchos años, y éste se encuentra arraigado en el corazón, por lo que debes esperar episodios de desánimo, pero debes hacerle saber que estás con él

✓ Ten presente que eres un reflejo de Dios en la vida del aconsejado, asegúrate de reflejar Su carácter, amor, misericordia y firmeza

✓ En la experiencia de muchos consejeros, reportan que es muy útil tratar primero con el rechazo y la ansiedad para que no sean un obstáculo más adelante al seguir una sanidad más profunda.

5. CONFESIÓN Y RENDICIÓN DE CUENTAS, UNA HERRAMIENTA PARA MANTENER EL RUMBO

Esta sección es un resumen del libro del mismo título[14], el cual acompaño con una guía práctica para que el consejero pueda dar seguimiento al proceso de restauración del aconsejado. Si se trabaja adecuadamente, la guía será una herramienta invaluable, ya que a menudo, tanto el consejero como el aconsejado dejan un poco de lado el seguimiento y la constancia necesarios para avanzar.

Constantemente vemos cristianos que fracasan moral, espiritual, relacional y financieramente, no porque no quieran tener éxito, sino debido a puntos ciegos (comportamientos que ellos mismos son incapaces de ver) y puntos flojos (áreas que necesitan reforzar) que piensan que pueden manejar por su cuenta. Y no lo pueden hacer. Los cristianos caen porque no tienen

---

[14] Cadena, Eduardo, "Confesión y rendición de cuentas, taller vivencial", Exodus Latinoamérica, 2007, 68 p

que rendir cuentas ante nadie por su comportamiento y sus creencias.

Necesitamos de personas del cuerpo de Cristo que nos ayuden a navegar alrededor de los peligros sumergidos de una vida no examinada.

Una relación de rendición de cuentas es una herramienta que abre una ventana hacia nuestra vida para que alguien más pueda saber cuál es el comportamiento que estamos llevando.

Rendir cuentas es estar dispuesto a responder o "dar cuenta" de las áreas claves en nuestra vida, de acuerdo a la Palabra de Dios.

En la medida en que reportamos a alguien nuestras vivencias, nos damos la oportunidad de analizarlas, evaluarlas y ajustarlas al enfoque cristocéntrico que nuestra vida debe expresar.

Somos seres Bio-psico-sociales-espirituales, por lo tanto la rendición de cuentas debe abarcar las siguientes áreas:

- Física.
- Emocional.
- Social.
- Familiar.
- Laboral.
- Volitiva.
- Moral.
- Intelectual.
- Espiritual.

¿A quiénes rendir cuentas?

A personas del mismo sexo que por su vida y testimonio se destacan en integridad, sabiduría, madurez emocional y espiritual.

Alguien que respete la confidencialidad; que pueda ser vulnerable y que por su estilo de vida edifique integralmente la nuestra, creciendo cada día en la confianza mutua.

¿Cuál es el propósito de la rendición de cuentas?

La rendición de cuentas nos permite mantener nuestra vida en el rumbo correcto, así como disciplinarnos en el ejercicio diario de analizar y confesar actitudes, pensamientos y acciones de forma honesta, veraz y transparente, a fin de aprender de los errores y aciertos, para implementar cambios en la forma de pensar, decidir y actuar.

Uno de los propósitos de la rendición de cuentas es romper con patrones pecaminosos de comportamiento. El propósito principal es volverse cada día más parecido a Cristo en todos nuestros caminos y tener una intimidad cada vez mayor con Él.

Fundamentos bíblicos para la rendición de cuentas

El plan de Dios para el cristiano es que se relacione con otros cristianos como parte de un cuerpo. Se nos insta también a orar unos por otros, sobrellevar las cargas unos con otros y confesar en grupo para parecernos cada vez más a Cristo. El pecado nos aísla y nos hace escondernos o evitar la luz, pero la Biblia dice que "Si andamos en luz, como Él está en luz, tenemos comunión unos con otros" (1 Jn. 1:7). Es en el contexto de una comunidad de creyentes donde Dios manifiesta su presencia "Porque donde están dos o tres congregados en mi nombre, allí estoy yo en medio de ellos" (Mt. 18:20). Es en un grupo, en un cuerpo, en la iglesia, donde podemos obtener sanidad.

Pasajes bíblicos que apoyan la rendición de cuentas:

Proverbios 27:17
"Como el hierro afila al hierro, así una persona estimula la sensatez de otra"

Eclesiastés 4:9, 10
"Mejor son dos que uno, pues reciben mejor paga por su trabajo. Porque si caen, el uno levantará a su compañero; pero ¡ay del que está solo! Cuando caiga no habrá otro que lo levante"

Juan 13:34
"Permítanme darles un nuevo mandamiento: Ámense el uno al otro; de la misma forma que los amé, amen a los demás"

Gálatas 6:1, 2
"Hermanos, si alguno fuere sorprendido en alguna falta, vosotros que sois espirituales, restauradle con espíritu de mansedumbre, considerándote a ti mismo, no sea que tú también seas tentado. Sobrellevad los unos las cargas de los otros, y cumplid así la ley de Cristo"

Filipenses 2:4
"Nadie busque el bien sólo para sí mismo, sino para todos"

<u>El corazón de la rendición de cuentas</u>

El versículo clave de la rendición de cuentas:
Santiago 5:16
"Confesaos vuestras ofensas unos a otros, y orad unos por otros, para que seáis sanados. La oración eficaz del justo puede mucho"

Una paráfrasis, utilizando los vocablos del texto griego, diría lo siguiente:

Santiago 5:16
"Comprométanse junto con otros a admitir y declarar sus agravios, injurias, pecados y ofensas contra la moral, y oren unos por otros para que sean librados de los mismos errores y pecados, sean hechos completos y den lugar a la salvación. La oración vigorosa de aquel que ha sido declarado justo por Dios y hecho libre, tiene poder y mucha fuerza para vencer aquello de lo que uno es acusado o se auto condena"

En este pasaje podemos notar varios principios:

- Debemos admitir nuestros pecados

- La admisión de culpa es ante otros hermanos

- Nuestros hermanos conocen nuestra vida, con sus errores

- Debemos orar unos por otros

- La confesión nos ayuda a ser libres

- La oración tiene poder para librarnos de la culpa o condena

El corazón y el propósito de la confesión, en la rendición de cuentas con otros hermanos es: "Que otras personas conozcan mi vida, y que oren por mí y me den soporte para ser cada día más parecido a Cristo"

<u>Modelos para la rendición de cuentas:</u>

✓ "Uno a uno" Permite mayor privacidad y control del tiempo. Es un asesoramiento personal y se da en un contexto Mentor – Aconsejado

✓ "En grupo" Ofrece la oportunidad de identificarse con otros en sus luchas, y ser edificado por cada integrante del grupo. No se recomienda que el grupo sea mayor a 5 personas.

✓ "Compañeros de rendición de cuentas" Dos personas se reúnen regularmente para rendir cuentas mutuas de su vida. Nota: esta relación ÚNICAMENTE puede darse en un contexto de personas maduras; se da casi exclusivamente en el contexto de liderazgo.

Sugerencias prácticas para el tiempo de rendición de cuentas

✓ Hacer un pacto de confidencialidad. NADA de lo que se habla en el tiempo de rendición de cuentas, se puede compartir con nadie más. "El chismoso revela el secreto, pero el de espíritu fiel lo guarda todo" Pr. 11:13

✓ Apartar una hora semanal para hacerlo

✓ Iniciar con 5 minutos de oración, es importante saber que Jesús está en medio de esa reunión (Mt. 18:20). Oren para que el Espíritu Santo quite toda vergüenza, y que todo pueda ser sacado a la luz.

✓ Escuchar con empatía (ser comprensivos de la realidad ajena). "Dios nos dio 2 oídos y una sola boca, para que escuchemos el doble de tiempo de lo que hablamos"

✓ Ser constantes, no abandonar la relación de rendición de cuentas

✓ Siempre tener en mente las normas y principios de la Palabra de Dios, no consejos humanos ni principios psicológicos "Toda la escritura es inspirada por Dios, y útil para redargüir, corregir, instruir..."

✓ No olvidar el propósito de la rendición de cuentas: Ser cada día más parecidos a Jesús

✓ No usar un lenguaje explícito, gráfico o vulgar

✓ En la relación de rendición de cuentas siempre debe haber una persona madura que escuche y modere el diálogo. No es adecuado que dos personas con el mismo quebrantamiento se rindan cuentas mutuas.

✓ Cerrar con 5 o 10 minutos de oración. Orar para que Dios conceda el don del arrepentimiento, para que esas actitudes puedan ser cambiadas, que Dios faculte la voluntad, y que la persona pueda tomar responsabilidad Y ACCIÓN sobre sus actos.

✓ Se puede tener un periodo para la rendición de cuentas (3 meses por ejemplo), tomar un tiempo de descanso y después retomar otro periodo fijo.

✓ Mostrar límites SANOS y CLAROS. No contacto físico, no se pueden contactar las personas que rinden cuentas sin previo acuerdo del mentor o moderador. El tiempo y privacidad del mentor o consejero deben respetarse.

✓ La rendición de cuentas no sustituye una relación personal con Cristo, ni la ayuda de un consejero calificado.

✓ La rendición de cuentas es sólo una herramienta para supervisar y ayudar en la sanidad de las personas. Nada sustituye la obra expiatoria de Cristo, ni nuestra continua dependencia de Él. Sólo Cristo salva, sana y restaura.

Preguntas GUÍA para la rendición de cuentas:

- **Preguntas iniciales:**

¿Cómo te ha bendecido Dios esta semana? (¿Qué cosas anduvieron bien?) ¿Qué problema ha consumido tus pensamientos esta semana? (¿Qué cosas anduvieron mal?)

- **Preguntas sobre la vida espiritual:**

¿Has leído consistentemente la Biblia?, ¿Cuánto tiempo?, ¿Por qué no? Describe tus oraciones por ti, por otros, de adoración, de confesión, de gratitud. ¿Cómo está evolucionando tu relación con Cristo? ¿Cómo fuiste tentado esta semana?, ¿Cómo respondiste? ¿Tienes algún pecado sin confesar en tu vida? ¿Adoraste en la iglesia esta semana? ¿Fue fortalecida tu fe en Jesús? ¿Fue honrado Él? ¿Has compartido tu fe?, ¿De qué forma?

- **Preguntas sobre el trabajo:**

¿Cómo andan las cosas? (progreso en la carrera, su relación con el jefe y compañeros de trabajo, tentaciones, carga de trabajo, estrés, problemas, trabajo excesivo)

- **Preguntas sobre la familia**

¿Cómo te va con tu cónyuge? (En el caso de ser casados; tiempo, conversación significativa, actitudes, intimidad, enojo, desilusiones, su relación con Cristo) ¿Cómo te va con tus padres y hermanos? (En el caso de ser soltero) ¿Cómo vas en tu relación de amistad/ noviazgo? (Si aplica) ¿Cómo te va con tus hijos? (aliento, cantidad y calidad de tiempo, valores, educación, bienestar espiritual) ¿Cómo andan tus finanzas? (deudas, compartir, ahorro, mayordomía)

- Preguntas personales

¿Sientes que estás en el centro de la voluntad de Dios? ¿Sientes su paz? ¿Con qué pensamientos estás luchando en secreto? ¿Tu comportamiento moral y ético es como debería ser? ¿Qué has hecho por alguna otra persona esta semana que no pueda ser devuelto? (los pobres, aliento, compasión, servicio a otros) ¿Cómo te va en tu área de alto riesgo personal? ¿Eres transparente? ¿Son consistentes tu yo "visible" y tu yo "real"?

A lo largo de los años he formado una guía complementaria al tema de confesión y rendición de cuentas. Esta guía es una excelente herramienta para el consejero, la cual le puede ayudar para sondear de tanto en tanto la percepción de sí mismo del aconsejado y los avances en su proceso de restauración.

Para poder ayudar mejor, el aconsejado debe hacer un inventario de su vida, una especie de autobiografía que realizará entre una sesión y otra de consejería, poniendo énfasis de que la extensión de lo escrito no sobrepase dos o tres cuartillas por cada uno de los puntos.

No se trata sólo de cumplir, sino de hacer que funcione. Si se hace un buen inventario ayudará bastante a caminar hacia adelante. Con esta tarea nos daremos cuenta de qué áreas de su vida necesitan ser reforzadas. Así la ayuda es mejor y no nos cansamos tanto dando golpes al aire.

Las tareas son las siguientes:

1. Resumen (máximo 1-2 cuartillas) de tu vida. Describe cómo fue tu infancia, la relación con tus padres y tus amigos en la escuela, el despertar a la sexualidad, cómo llegaste a ser cristiano, y como es ahora tu sexualidad, vida emocional, familiar y espiritual.

2. Describe tus relaciones significativas (cómo es tu relación con: Dios, hijos, amigos), resaltando los siguientes aspectos:
   a) 5 cosas buenas y 5 cosas no tan buenas que has recibido de esa persona
   b) 5 cosas buenas y 5 cosas no tan buenas que has dado a esa persona

En este punto puedes tomar una hoja y dividirla en 2 secciones. De lo que se trata es tener un panorama general de las cosas buenas que he dado a las personas, así como las cosas buenas que he recibido de las mismas, aunque también se trata de colocar en la segunda sección las cosas no tan buenas que he recibido de las personas más significativas en mi vida, pero también las cosas no tan buenas que les he dado.

Personas	He dado	He recibido
Dios		
Hijos		
Amigos		
Novio(a)		
Padres		

3. En una hoja, la cual simboliza tu vida, realiza una distribución en seis partes:

a) Emocional

Carácter, actitudes, emociones, sentimientos

b) Espiritual

Intimidad con Dios, devocional, oración, cómo pones en obra la vida cristiana

c) Relacional

Interacciones interpersonales, reglas (en casa, en la iglesia, en el trabajo), concepto de autoridad

d) Física

El cuidado del cuerpo, alimentación, hábitos de higiene

e) Familiar

Pareja, hijos, finanzas

f) Moral

Cómo manejas la tentación, principios, valores, integridad, toma de decisiones

En esas 6 áreas hay que colocar máximo 4 problemas o cosas que consideras son frágiles, que no has podido manejar. Puedes poner ejemplos y explicar porqué no has podido manejar esas partes de tu vida

4. Lista de cosas por confesar. Hay acciones que hicimos en el pasado y recurrentemente van a nuestra mente, no nos dejan tranquilos, y hay pecados o acciones que no le hemos dicho a nadie, todo eso va en esta lista.

Una vez que se terminan las asignaciones, el consejero puede trabajar con el material que el aconsejado le está proporcionado. El consejero deberá orar y ayunar para Dios le dé sabiduría y pueda ayudar adecuadamente.

Aquí he colocado algunas tareas adicionales que el consejero puede manejar con el aconsejado para que la sesión sea más productiva.

En el Punto 1 el consejero puede mencionar que William Consiglio establece seis etapas en el desarrollo de la homosexualidad o Atracción al Mismo Sexo[15]:
1. Baja autoestima
2. Vacío de Género
3. Atracción de Género
4. Atracción Sexual
5. Refuerzo homosexual
6. Identidad homosexual

---

[15] Consiglio, William. "No más homosexual", CLC, Colombia, 1999

En la primera etapa, hay heridas en el niño, causadas generalmente por la gente que le rodea. Un sentimiento de abandono, de inseguridad, de falta de amor. Eso le deja vulnerable para no identificarse adecuadamente con el progenitor del mismo sexo. Seguramente en la vida adulta hay personas con AMS que se llevan de maravilla con el padre del mismo sexo, pero en esta etapa temprana hubo una ruptura inconsciente, que genera una falta de identificación, y por consiguiente de nutrición y de afirmación masculinas (en tu caso).

Como personas integrales, no podemos tener vacíos, ya que las carencias son suplidas con algo más. Cuando el niño no se identifica con el padre, entonces el niño queda en un vacío emocional, en un limbo, donde no se identifica con el padre, pero el niño sabe que tampoco es niña; emocionalmente se siente distante y queda ese vacío, esa inseguridad primaria se refuerza. Nos sentimos atraídos hacia lo que nos hace falta, hacia lo que es diferente, hacia lo que percibimos complementario.

Como no hay identificación con el mismo género y hay incluso rechazo por los compañeros en la escuela, falta de atención por el padre, falta de identificación emocional con él, entonces al sentir que algo hace falta, el niño se siente fascinado por el mundo masculino; anhela pertenecer, sueña con ser aceptado por sus pares, y es una etapa de atracción de género, que nada tiene que ver con sexo.

Con la llegada de las hormonas, esa atracción, esas heridas, esas carencias, ese abandono, esa falta de pertenencia, se erotiza, dando como resultado una fascinación, una búsqueda placentera de un objeto o identificación que satisfaga y nutra el área emocional. Aparecen los primeros objetos y fantasías sexuales. No se busca un encuentro sexual sino una satisfacción emocional, pero las hormonas están a flor de piel e inevitablemente se hace la conexión. El sexo pasa a un primer plano como algo cálido, placentero y fuerte.

Si se tiene la oportunidad, hay reforzamiento. Hay miradas, caricias y hasta encuentros sexuales que ayudan a fortalecer el sentido de que se es diferente, hay vergüenza, pero también hay un descanso interno, una sensación de saber por fin a donde se pertenece. Los amigos, los amantes, los lugares de encuentro, la pornografía, masturbación, las miradas, la literatura, ayudan a reforzar ese sentido de pertenencia, hasta que una lucha se convierte en una identidad: "Soy homosexual"

Consiglio también menciona que para ayudar con las heridas subyacentes, hay que transitar por esas seis etapas en orden inverso

¿Qué se te ocurre que podrías hacer para empezar a transitar en la sanidad de cada una de esas etapas de la homosexualidad en tu propia vida?

Para trabajar en el punto 2, es necesario observar el siguiente diagrama:

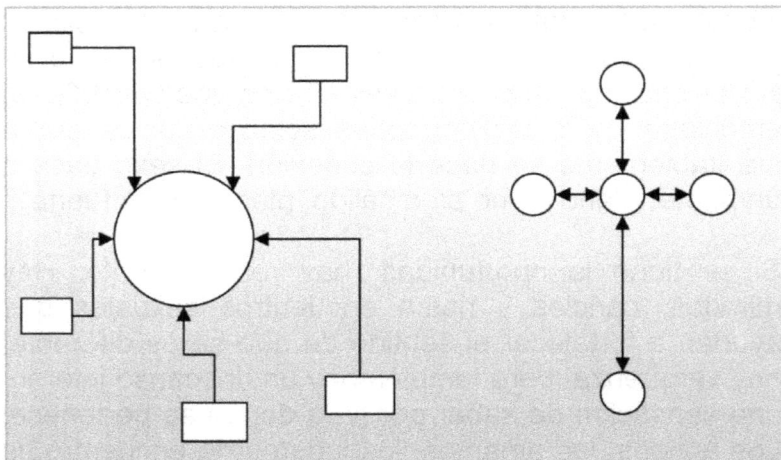

El dibujo de la izquierda representa tu vida quebrantada. Centrada en ti mismo. Sólo piensas en ti como el centro del universo, y los demás giran alrededor: "Mi mamá ME hizo..." "Mi papá no ME dio..." "En la iglesia no ME ayudan..." "YO odio a mi papá" "Esa persona ME ha causado tanto dolor" "YO no entiendo porqué no ME comprenden", etc. Las personas tienen relevancia en la medida en que me dan, o no me dan, o son relevantes para mí.

El dibujo de la derecha representa una vida equilibrada. Las relaciones interpersonales cobran importancia. El círculo del centro representa la vida de la persona (en este caso tú), pero si puedes ver, hay otras personas ahí: Dios, los padres, los amigos, hijos, sobrinos, niños espirituales, líderes, etc. Arriba de mi está Dios, y al lado están otras personas, mis iguales, sólo en la parte de abajo se encuentran mis hijos, o personas de las cuales me hago cargo en algún sentido. Hay flechas que indican que doy y también recibo. ¿Qué figura o silueta forma el dibujo? Una cruz. Ese es el mensaje de la cruz: Estoy bien con Dios (relaciones verticales) para poder estar bien con los demás (relaciones horizontales) y también nutrir la vida de otros (relaciones verticales). Sólo al dejar nuestra vida en la Cruz de Cristo, seremos capaces de relacionarnos sanamente con otros. Al morir al ego, al dejar el rencor y el pasado, nos reconciliamos con Dios, con nosotros mismos, y con los demás.

De tus respuestas previas del punto 2, ahora identifica, ¿A qué diagrama se parece más tu vida hoy?

De las cosas buenas que has recibido, dale gracias a cada una de las personas. En oración, agradécele a Dios, y reserva un tiempo lo más pronto posible para decirle a cada una de las personas significativas en tu vida, las cosas buenas que has recibido de ellas, y agradéceles: "Gracias por darme la vida" "Gracias por haberme perdonado; no tenías la obligación de hacerlo, pero lo hiciste y eso significa mucho para mí" "Gracias por tu cariño" "Gracias por aceptarme tal y como soy" "Gracias por respetar mis puntos de vista y cada una de mis decisiones, aunque no estés de acuerdo con ellas. Valoro mucho eso y quería expresarlo"

En esta parte del ejercicio, necesitarás a tu mentor (físicamente) o a un amigo de confianza, para que te acompañen en la parte final

Dibuja en una hoja de papel una cruz. Dale gracias a Dios por cada una de las cosas buenas que has podido ofrecer a otras personas en tu vida; reconoce que tienes la imagen de Dios en ti, y que debido a eso puedes ofrecer cosas buenas. Escribe las cosas "malas" o "no tan buenas" que has dado a otros y que has recibido. Ofrece esas cosas a Dios, quema el papel, coloca las cenizas encima de la cruz y dile a Dios que perdonas a esas personas que te hicieron daño. Si hiciste daño a otros, dile a Dios que buscarás, en la medida de lo posible, el perdón de esas personas. Dile que todas esas cosas ya no te pertenecen y al quemarlas es una ofrenda para Él a los pies de la cruz de Cristo.

Pide a tu mentor o amigo que te de un abrazo y ore contigo. Pide a Dios que te ayude a tener relaciones significativas, sanas, profundas. Que puedas estar bien con Él, para poder amar y servir a otros

Para el punto 3 hay que hacer 2 cosas adicionales:

- De cada una de los problemas o cosas frágiles que escribiste, busca 2 versículos bíblicos, uno que hable de las consecuencias de ese problema y otro que hable de la salida o respuesta que Dios ofrece. Por ejemplo, el orgullo:

  o "Altivez de ojos, y orgullo de corazón, Y pensamiento de impíos, son pecado" Proverbios 21:4

  o "Riquezas, honra y vida Son la remuneración de la humildad y del temor de Jehová" Proverbios 22:4

- Elabora una barra donde coloques en un extremo el orgullo, y en otro la humildad; es decir, en un extremo el problema con el que estás batallando y en otro la meta, o a donde quieres llegar:

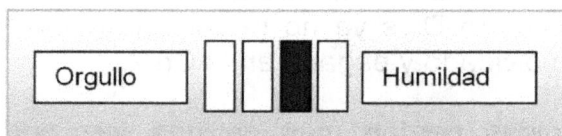

| Orgullo | | | | | Humildad |

Marca la posición donde crees que te encuentras el día de hoy con respecto a ese problema en particular. Ora a Dios y pide que te de la sabiduría para caminar en Su luz y poder crecer en esa área en particular. Guarda la hoja de este punto y realiza una nueva dentro de tres meses para que la puedas comparar y puedas mirar tu avance y crecimiento.

La finalidad del punto 4 es que tengas presente que un día confesaste a Dios tus pecados, acciones y secretos. No es bueno tener secretos con el enemigo; así que en este punto es necesario que te acompañe tu mentor o amigo de confianza. Si aún hay algo por confesar, si así lo quieres, puedes confesarlo en presencia de este hermano y orar juntos a Dios

Cuando confieses algo, simplemente léelo y empieza con la frase "Dios, confieso delante de ti que... y te pido perdón, aún cuando no lo merezco, pero Tu Palabra dice que Si confesamos nuestros pecados, Tú eres fiel y justo para perdonar mis pecados y limpiarme de toda maldad, así que me apropio de tus promesas y recibo tu perdón y limpieza. Te pido que me ayudes a no caer y a mantenerme íntegro delante de ti"

Si tienes alguna lista de lo que quieres confesar, o has confesado, puedes romperla o quemarla, como símbolo de que Dios ya no se acuerda de esos pecados. Tal vez vengan recuerdos, y sabrás que eso lo hiciste, pero Dios ya no te condenará por eso, ha quedado olvidado y pagado en la Cruz.

Nunca pidas perdón más de una vez por alguna acción, a menos que vuelvas a caer en ese pecado, pero aprópiate del perdón de Dios

6. LECCIONES DE SOBREVIVENCIA PARA PADRES

Cuando mis padres escucharon las palabras "Papá, Mamá, soy homosexual", fue uno de los golpes más devastadores para ellos; en ese momento no me lo dijeron, pero años más tarde me enteré que mi madre estuvo llorando por meses, sin saber qué hacer y sin salir de su habitación por días completos. Mi padre fue un apoyo importante para ella, aunque él mismo no sabía qué hacer. Dios, en su misericordia, permitió que estuviera trabajando fuera de la ciudad mientras transitaba por un largo proceso de sanidad, mientras mis padres transitaban por el suyo. Puedo decir que ahora somos una familia más sana y que Dios seguirá trabajando con nosotros.

Para los padres que recién se han enterado que su hijo es homosexual, o que sospechan que está luchando con esta condición, hay lecciones que deben aprender para sobrevivir esta etapa. Estas lecciones las aprendí junto con mis padres, tropezando y levantándonos y las comparto con ustedes para que no cometan los mismos errores que nosotros cometimos en el proceso.

Tal vez eres padre de un hijo que está luchando con la homosexualidad, o eres un consejero que quiere saber cómo ayudar de mejor forma a los padres que están pasando por esta etapa de crisis, estas lecciones también te ayudarán.

2 Corintios 1:3-4 "Bendito sea el Dios y Padre de nuestro Señor Jesucristo, Padre de misericordias y Dios de toda consolación, el cual nos consuela en todas nuestras tribulaciones, para que podamos también nosotros consolar a los que están en cualquier tribulación, por medio de la consolación con que nosotros somos consolados por Dios"

1. **El cambio es posible, pero la jornada es larga.**

   Quizá a tu hijo o hija le llevó años para aceptar su lucha, y otro tanto tiempo para tener la valentía de decírtelo, entonces no esperes que haya una solución en corto tiempo. Es difícil aceptarlo, pero mientras más pronto mejor. Hay un ejemplo muy bueno en la Biblia: Adán. Él tenía el mejor lugar para vivir y las mejores condiciones, y a pesar de eso decidió pecar, tomó decisiones equivocadas. Entre Adán y Jesús pasaron alrededor de cuatro mil años para que su descendencia fuera restaurada. Por supuesto que no esperamos que pasen cuatro mil años para que tu hijo sea restaurado pero creo que es un principio que se establece aquí es que tomará tiempo. ¿Cuánto le llevará a tu propio hijo ser restaurado? Quizá uno, dos, tres años o más, no lo sabemos, sólo Dios conoce el tiempo específico. En mi caso, pasaron siete años para que la restauración empezara a dar frutos, y que mis padres también tuvieron que soportar conmigo. No importa cuánto sea el tiempo, lo importante es saber que Dios estará ahí, así como estuvo con los hijos de Adán hasta que llegó Jesucristo para reconciliar. Dios ha compartido ese proceso de lidiar con la pérdida de Adán, para consolarles a ustedes por el proceso de pérdida en el que están inmersos.

2. **Ustedes no son culpables.**

Una de las preguntas más frecuentes que escucho en los padres es ¿Qué hice mal para que mi hijo llegara a esta condición en donde se encuentra? ¿Qué pude haber hecho mejor, diferente, a quién pude haber acudido? ¿En dónde me equivoqué? Si miramos de nuevo la historia de Adán, no ubico a Dios preguntándose "¿Qué hice mal, en qué me equivoqué?" Dios es perfecto, Él no se equivoca. Adán tenía al Padre perfecto, y a pesar de eso, Adán pecó. En el caso de tu hijo, a pesar de que hayas hecho lo humanamente posible y lo mejor por él, tenemos que aceptar que vivimos en un mundo caído. Es cierto que como padres siempre hay cierta responsabilidad, tal vez hubo una familia disfuncional arrastrando heridas del pasado, pero tú, ustedes, no son culpables. Deja que esta verdad llene tus pensamientos y tu corazón, no eres culpable.

¿Qué hay qué hacer?

Seguir adelante y liberarse de esa culpa, ya que la misma no te permitirá ayudar a tu hijo; tienes que ir en oración con Dios y decirle "Señor, esta culpa no me pertenece porque en la cruz ya pagaste el precio por ella, tómala, la entrego en tus manos. Sé que cometí errores, y son consciente por ello, te pido me perdones y me permitas continuar adelante, libre del peso de la culpa". Un alto porcentaje de padres con hijos homosexuales terminan divorciándose; en muchos casos debido a la culpa que esgrimen un padre contra otro. Decide si quieres ser parte de la estadística o liberarte de la culpa para tener las manos libres para ayudar a tu hijo cuando realmente lo necesite.

3. Hay un periodo de luto, de llorar la pérdida.

No intentes ayudar en esta etapa, lo que necesitas es llorar tu propia pérdida, la situación que estás atravesando en tu familia y con tu hijo; hay padres que nos han dicho que cuando se enteran de la homosexualidad de sus hijos, sienten como si ellos mismos hubieran muerto, en lugar de sus hijos. Hay algo que se rompió, una relación que se fracturó, sueños que murieron, expectativas que no se cumplirán, así que es necesario llorar el tiempo que sea necesario. Quizá otras personas te digan que ya no llores o algo por el estilo, pero mientras no sientas la pérdida y seas capaz de dejar ir esos sueños, expectativas y anhelos, no serás capaz de mantenerte en pie sin que el dolor y la tristeza te hagan doblarte de nuevo. Tu hijo o hija no es quien tú pensabas, quizá descubriste cosas de su vida que habían permanecido ocultas, o él mismo te lo confesó, o te enteraste por terceras personas; la imagen idealizada de tu hijo se ha roto, así que sientes que algo se perdió, que algo no encaja, que hay cierto vacío por dentro, y esa es una de las razones por la que necesitas llorar esa pérdida. Date permiso para ser débil, para llorar, y después de eso, llora más, hasta que un día digas: ¡Suficiente! Quizá ese día te levantes de la cama y ya no haya más lágrimas, tal vez un poco de dolor pero ya serás capaz de hablar de eso sin que el mundo se te venga encima.

Lo que trato de decir es que esta situación de quebranto lastimó a todos, incluyéndote. Por muy fuerte que pretendas ser, también tienes tus propias heridas, las cuales tienen que sanar antes de que siquiera te levantes para ayudar a otros, tu hijo por ejemplo. Es muy común escuchar a padres llamando o pidiendo ayuda: "Auxilio, tengo un hijo homosexual, ¿Cómo puedo ayudarle?" Mi respuesta siempre es la misma "No puedes ayudarle, tú mismo estás herido, trabaja en tus propias heridas porque de lo contrario el resultado podría ser catastrófico" Clama a Jesucristo para que Él te revele las áreas donde requieres sanidad, las heridas que necesitan ser tratadas. Quizá, cuando estés más sano, podrías ayudar. Algunos hijos con el tiempo se acercan a Cristo y se reconcilian con la familia, pero algunos no lo hacen. Algunos padres se involucran activamente en ministerios de sanidad y restauración, lo cual está bien, pero si sus propias heridas no han sanado, sólo ocasionarán que las heridas de sus aconsejados se hagan más grandes, en lugar de sanar. Si ya estás colaborando en algún ministerio, tienes que hacerte disponible para tu hijo en la misma medida que lo haces para tus aconsejados; si pasas veinte horas aconsejando, debes dedicar una medida similar de tiempo para pasarlo con tu hijo o haciéndote disponible para él; no podemos ser "luz de la calle y oscuridad de la casa".

La principal labor como padre ahora es sólo amar a tu hijo, no ayudarle. Amarle significa invertir tiempo en ti mismo para sanar, para llorar, para ser mejor persona. La parte más difícil es reconocer las propias heridas; cuando las madres son confrontadas con sus actitudes controladoras, o los padres con su falta de involucramiento (por ejemplo), lo más fácil es negarlo, pero lo mejor que pueden hacer es recibir el comentario, aceptar la exhortación y llevarlo en oración a Dios pidiéndole la sabiduría para aceptar esas situaciones y empezar a crecer, podemos decirle a Dios: "Señor, alguien me dijo que soy una persona con esta cualidad, por favor dime qué es lo que piensas tú, y si la tengo, dime cómo puedo mejorar en esta área con tu ayuda" Quizá Dios te revele más de lo que te gustaría conocer, pero en la medida en que lo aceptes, tendrás un mayor grado de sanidad. Tu labor como padre sigue siendo amar y aceptar incondicionalmente a tu hijo, y ponerlo en oración en las manos de Dios, porque al final de cuentas Él está interesado en el bienestar de tu hijo, tanto como tú.

4. La aceptación es el camino a la salida.

Como padres tienen que aceptar que tienen un hijo homosexual que quizá no quiera volver a Dios. Muchos padres dicen "Esto no me puede pasar a mi" o "Esto no puede estar sucediendo" pero es algo que sí está sucediendo, y está afectando a la familia. Entre más tiempo te lleve negar las luchas, más tiempo llevará sanar. Quizá tu expectativa ha sido sobre cómo ayudar a tu hijo, pero más bien tienes que aprender cómo ayudarte a ti mismo a sobrellevar tu propia lucha con la homosexualidad de tu hijo. En su momento la relación con los hijos quizá sea restaurada; el proceso no será más lento o rápido por el hecho de aceptarlo pero ayudará bastante. En el momento de aceptar la lucha, estarás listo para dar el siguiente paso. Quizá tu labor no sea la de ayudar a que vuelva a Dios y se reconcilie con él, tal vez eso lo hará otra persona, así como Dios puede ayudarte para restaurar a los hijos de otros.

5. Fortalece tus relaciones.

Si estás caminando solo o sola no vas a poder sobrevivir esta jornada de sanidad, y no me refiero a Dios. Él es soberano, fuerte y omnipotente, pero quiero decir, alguien cercano, un brazo de carne que te ayude en los momentos de flaqueza y debilidad. Si estás casado, fortalece tu matrimonio; si estás divorciado, seguramente tendrás a algún compañero, amigo, pastor o consejero con quien puedas acudir por ayuda, que te puedan ayudar a orar, un hombro en el cual llorar cuando las cosas se pongan difíciles. Si no dispones de ese tipo de ayuda, ora a Dios, Él es capaz de enviar a alguien para suplir esta necesidad. Fortalecer la relación matrimonial significará desaprender patrones pecaminosos de comportamiento reaprender formas constructivas y sanas de hacer relaciones interpersonales. Quizá como madre hablas a tus hijos mal de su padre y necesitas arrepentirte por ello y empezar a honrarle. Quizá denigras a tu esposa frente a tus hijos, también debes arrepentirte y cambiar tu comportamiento. Tu hijo no es tu amigo, es tu hijo, así que deberás desvincularte de él para darle su lugar en el mundo y fortalecer relaciones con otras personas que sí son tus amigos. Lo más importante, fortalece tu relación con Dios; ora y lee la Biblia, habla con Dios, sé que como cristianos es redundante decirlo pero a veces culpamos a Dios por el hijo con esas luchas. Reconcíliate con Dios, fortalece tu relación con Él, eso te ayudará como ningún otro.

6. Crea un ambiente de aceptación.

Acepta a tu hijo o hija tal y como es, no intentes cambiarle porque probablemente le causarás más heridas; uno de los errores más comunes es querer cambiarle "Tú tienes que ser así, puedes cambiar" pero Dios nos acepta tal y como somos y es muy caballeroso como para obligarnos a hacer algo que no queremos hacer. Cuando estamos quebrantados y con pecado, Dios no nos obliga a cambiar, sino que nos ama y con el tiempo ese amor produce en nosotros amor recíproco para con Dios, hasta que la persona puede ir con Dios y decirle "Dios, te amo a ti, más que a mi pecado, más que a mi propio quebranto, quiero volver a ti" Si tu hijo o hija no quiere cambiar, ámale de todas formas. Es lo que Dios hizo con Adán, le dio la libertad para tomar sus propias decisiones, y le siguió amando a pesar de que pecó.

Deja abierta la puerta para que tu hijo pueda regresar; no estoy diciendo que le des permiso para pecar, pero de cualquier forma, con tu permiso o sin él, lo van a hacer pero si dejas la puerta abierta, podrán regresar cuando no tengan ningún otro lugar a donde ir, cuando estén heridos, volverán a casa, a un ambiente de amor y aceptación donde el proceso de sanidad pueda ser completado. Algunos padres preguntan qué hacer si su hijo o hija quieren ir a casa acompañados de su amante gay; debemos tener mucha gracia en ello, no podemos cerrar la puerta pero podemos recordarle al hijo que sigue habiendo reglas y límites en tu casa que deben respetarse; cuando tu hijo tenga su propia casa, establecerá sus propias reglas, pero es tu territorio y puede visitarlo cuando guste si respeta lo que para ti es valioso.

No intenten manipular la relación dando el mensaje de que abrirán las puertas del hogar si el hijo cambia, si el hijo abandona cierta relación o cualquier otro comportamiento condicional. Recordemos que Jesucristo se apasionó tanto por nosotros que su entrega fue completa, no le importó tu condición o si algún día le aceptarías o le rechazarías. En este caso es morir a ti mismo, una muerte emocional con tal de que Dios cambie nuestra mente; no es garantía de que tu hijo regrese, pero incrementará las probabilidades de que lo haga.

7. Libera a tu hijo de responsabilidades que no son suyas.

Soy el mayor de cinco hermanos varones, y cuando era muy pequeño mi padre tenía un serio problema de alcoholismo, así que cuando llegaba borracho a casa (lo cual era muy frecuente) me decía que yo era el hombre de la casa, y como mi madre también me lo decía, empecé a creerlo y a actuar en consecuencia. En lugar de jugar, me preocupaba por que mis hermanos se portaran bien en la escuela, finalmente eso es lo que haría "un hombre de la casa", además de preocuparse de cómo está su madre. Después de algún tiempo Cristo salió al encuentro de mis padres e iniciaron un peregrinaje con Él en esta tierra. Ya durante mi proceso de restauración, les seguía visitando los fines de semana pero siempre tenía en mente la preocupación acerca de cómo estarían mis hermanos y mi madre, si tendrían lo necesario para vivir y si necesitarían algo, ya que como hijo de familia aportaba también para la economía del hogar.

Un día, mi madre y yo tuvimos una fuerte discusión y mi padre dijo que teníamos que hablar los tres; él tomó las riendas de la conversación y me dijo "Antes de ti, Dios proveyó lo necesario para esta familia, y lo seguirá haciendo aún después de que te vayas. El proveedor en esta familia soy yo; nunca te lo había dicho pero en este día te libero de responsabilidades que no son tuyas, así que eres libre para vivir tu vida, vive la vida que tienes que vivir; quien se tiene que hacer cargo de esta casa, de tu madre y de tus hermanos soy yo. Te libero para que vivas tu vida". Ese día quedé gratamente sorprendido, pero también estuve llorando delante de Dios porque durante mucho tiempo fue una herida que no había sido sanada, y reconocí que eso me dio la libertad de ser sólo un hijo más. Ahora mis padres toman las decisiones, y aunque no todo es perfecto (siguen teniendo conflictos como cualquier otro matrimonio), su relación es más sana, y al ser liberado de las responsabilidades que no me pertenecían, fui libre para vivir de forma más plena, tomando mis propias responsabilidades y aceptando gustoso las consecuencias positivas o negativas de ello, así como acepté las responsabilidades de ellos.

Quizá has hecho lo mismo con tu hijo o hija, le has dicho que es el hombre o la mujer de la casa o le has hecho responsable por cosas que te corresponden. Libérenlos de forma verbal, no ores y le digas a Dios: "Señor, libero a mi hijo de responsabilidades que no son suyas", más bien ve con tu hijo, y dile a él que sientes haberle puesto cargas y responsabilidades que no son suyas, y que le liberas de las mismas, siempre y cuando sea posible y la relación lo permita. Si no es posible, entrégale esto a Dios.

8. Espera rebeldía.

Probablemente tu hijo o hija, antes de haberte confesado su quebrantamiento sexual, era el hijo más maravilloso o la mejor hija sobre la tierra, y de repente cambiaron por completo. ¿Dónde quedó ese hijo sensible, tierno, compasivo y noble? ¿Dónde quedaron esos hijos? Nunca existieron, era una careta, una apariencia, algo para protegerse y ser aceptados, algo para ocultar sus luchas detrás de una máscara de amabilidad y perfección. Ahora empezarás a conocer a tu hijo tal y como es, pero aún así, ámale incondicionalmente y espera rebeldía, más aún si fuiste quien descubrió su homosexualidad, porque ahora ya no tienen una careta, ya no hay nada que ocultar. Redescubre a tu hijo, ya que en realidad tienes que reconocer que no le conocías y que quizá estaba viviendo una doble vida, fuera de casa eran personas completamente diferentes.

9. Establece límites sanos.

En el siguiente diagrama, el recuadro representa nuestra vida, en donde nos relacionamos con otros.

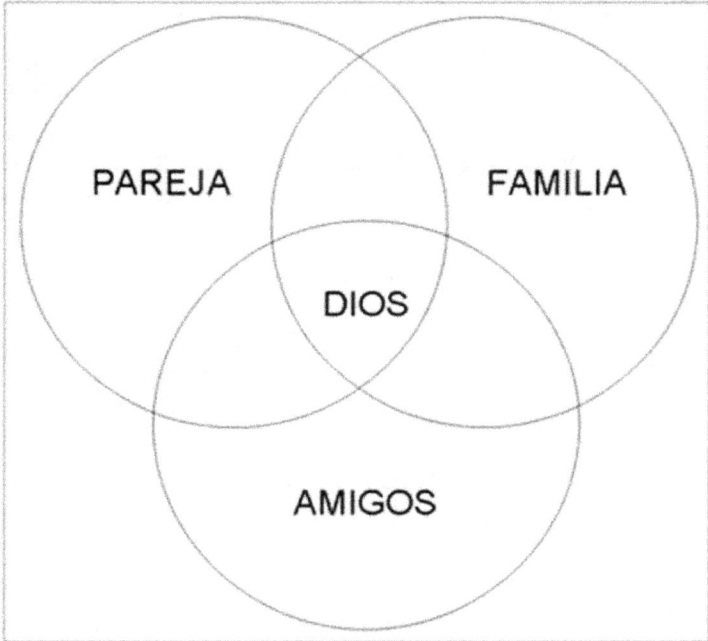

Al centro de todas las relaciones se encuentra Dios, quien es nuestra fuente para saciar necesidades; él es nuestro proveedor, sustento, fortaleza, la base para nuestras relaciones. El diseño de Dios es que nos relacionemos con una pareja, con una familia y con amigos. Cada una de estas personas provee cosas que ninguna otra puede proveer. Los amigos proporcionan aceptación y consuelo de forma que no lo puede hacer la familia. Aún estando casados, seguimos necesitando de amigos y relaciones interpersonales de formas lícitas y sanas para que nos brinden amistad y compañerismos. Las relaciones sexuales sólo pueden llevarse a cabo con la pareja.

Cuando mezclamos dos cosas maravillosas en lugares inadecuados o con personas incorrectas, el resultado es un desastre. Por ejemplo, el sexo es algo maravilloso, y las personas también, así como la familia y los amigos. Si mezclamos el sexo y el cónyuge, el resultado será loable, una mejor relación, quizá hijos; pero si mezclamos el sexo y los amigos, se convierte en algo pecaminoso: adulterio o fornicación; si mezclamos el sexo y la familia da como resultado algo pecaminoso llamado incesto. Entonces, la idea es que no podemos mezclar cosas que por sí mismas son maravillosas en un contexto inadecuado, esa es la idea de los límites. Sólo la pareja puede proporcionar disfrute emocional y sexual; sólo la familia puede brindar un círculo de amor y aceptación en el que la autoestima florecerá de forma adecuada; los amigos no podrán nutrir y hacer crecer en la forma disciplinada en que la familia lo hará. Cuando se rompen los límites, se rompe el diseño de Dios, lo que daña nuestra vida, lo mismo que buscar que una persona tome el lugar o la función de otra.

Si tu hijo o hija están luchando con la homosexualidad, seguramente uno, varios o muchos de sus límites fueron rotos, por lo que Dios quiere restaurar esos límites a sus linderos originales. Como padres, deben establecer límites sanos, y respetar los límites de tu hijo. Durante el proceso de sanidad tendrá consejeros y compartirá con ellos cosas que no querrá hacer contigo, por lo que debes respetar eso. También tendrá compañeros de rendición de cuentas, con quienes quizá comparta cosas que no compartió con el consejero, y que tampoco compartirá contigo, y que con total seguridad no es sano que sepas, y que quizá tampoco tendrás las herramientas para ayudarle. Otras personas podrán ayudarle mejor de lo que tú puedes hacerle.

Respeta su privacidad, probablemente quieras hurgar entre sus enseres personales, en su habitación, debajo de la cama. No lo hagas, déjalo elegir, no puedes escoger su ropa, sus amigos y la forma en la que vivirá la vida. Tu hijo no quiere que te enteres de detalles de su vida sexual, sea homosexual o heterosexual, así que cuando tengan tentaciones acudirán con alguien más por consejo, pero si las cosas marchan bien, tu hijo quizá se acercará contigo para pedir oración. Más allá de eso, como padre quizá no estés preparado y lo único que pasará es que ambos serán heridos y la imagen de tu hijo ante tus ojos estará aún más deteriorada.

Estas lecciones las tuvimos que aprender a prueba y error, nadie nos enseñó; el resultado, afortunadamente fue bueno, de lo contrario no estarías leyendo estas líneas. Quizá no estés de acuerdo con alguno de los puntos pero a mí me ayudaron para llegar al lugar en donde estoy ahora. No lo sabemos todo, y no tenemos todas las respuestas pero creo que si quieres que un día tu hijo o hija puedan volver al Señor sería importante que analizaras objetivamente estas lecciones. Estas lecciones las aprendí junto con mis padres y me sirvieron para reconciliarme con ellos; mi propio quebranto no me permitía ver a la persona tan maravillosa que tengo por padre, y lo grandioso que ha sido tener una madre como la mía. Ahora tenemos una mejor relación, y seguramente mejorará. Dios nos está ayudando a redimir el tiempo, a restaurar lo que la oruga y el saltón comieron, y espero que como padres, les sea devuelto y multiplicado en una medida abundante y rebosada todo el esfuerzo que hagan para ser mejores padres, mejores esposos y esposas y mejores cristianos. Que un día en el futuro lo que la langosta, la oruga y el saltón comieron en sus propias vidas, Dios lo redima y lo restaure.

Mi oración es que el Espíritu Santo de Dios sea como un bálsamo sanador en tu corazón herido, que sea como aceite suavizando las heridas para que sean curadas y sanadas, que el Espíritu Santo traiga convicción en el corazón de tu hijo o hija para que un día regresen a casa, regresen al Padre, y mientras tanto tú recibas sanidad. Que seas consolado en la misma maravillosa forma que mis padres lo fueron, que tus ojos, oídos y corazón sean abiertos para que puedas amar, aceptar y entender a tu hijo. Que de la manera en que un día el Padre pudo recibir de regreso a Adán y sus hijos, por medio del quebranto de Jesucristo, de la misma forma, ese quebranto siga trayendo sanidad y sea extendida a tu hijo y otras personas. Bendigo a cada uno de los padres que leen esto, en el nombre de Jesús, Amén.

7. EL PAPEL DE LOS VARONES CRISTIANOS EN LA RESTAURACIÓN DE LOS HOMOSEXUALES

¿Recuerdas la historia de cómo tuve un encuentro con el amor de Dios, expresado a través de mi pastor? Muchos años han pasado desde entonces, y aquí estoy, pensando y meditando qué hubiera sucedido esa misma tarde si la actitud del pastor hubiera sido distinta; tal vez la historia hubiera sido diferente, tal vez mi vida hubiera tomado otro rumbo, tal vez mi partida se hubiera concretado. Pero también pienso en las decenas de historias que recibimos cotidianamente en nuestra oficina, a través de correo electrónico, vía telefónica e incluso en nuestros congresos.

Hay una realidad que queremos ignorar, y es que la homosexualidad ha llegado a nuestras iglesias, a nuestras comunidades, a nuestras familias, y ha golpeado profundo. El golpe hubiera sido menos doloroso si se tratara de personas desconocidas, de gente que jamás hemos visto, o de el amigo de un amigo, pero lo cierto es que se trata de gente de carne y hueso, de personas con las que trabajamos, que vemos todos los días y que incluso amamos.

¿Qué le decimos a una persona, a un amigo, a un familiar, a un hijo, a una oveja cuando se acerca con nosotros y nos confiesa su lucha? Las personas que nos cuentan su dolor y lo que están pasando, a menudo lo han debatido en su mente por años... ¿Le digo? ¿Y si me deja de hablar? ¿Y si me rechaza? ¿Y si me corre de la iglesia? ¿Y si se lo cuenta a alguien más? ¿Y si me golpea?

En primer lugar, debemos sentirnos privilegiados del honor de ser la persona en quien otros confían, en quien ven un oído para escuchar y una mano para abrazar.

Las grandes interrogantes ahora son ¿Y cómo respondo? ¿Qué sigue ahora? ¿Qué hago? ¿Cómo ayudo? ¿Puedo y estoy capacitado para ayudar?

Antes de responder y llegar a cualquier conclusión producto de nuestro temor, desconcierto y dolor, tenemos que volver a los fundamentos. La respuesta a todas nuestras preguntas resuena en el aire como hace casi dos mil años: Dios, Dios, Dios. Eso lo sabemos, y lo siguiente que deberíamos enfocar es ¿Qué haría Jesús?

Volvamos entonces a la Biblia, a un pasaje que casi hemos pasado por alto, o que leemos de prisa justamente por ubicarse en el clímax de los evangelios; es la historia de una persona, la historia de un encuentro que se dio poco tiempo antes de la crucifixión de Cristo. Vayamos entonces a este pasaje que se encuentra en Lucas 22:7-13

"Y vino el día de los panes sin levadura, en el cual era necesario sacrificar la pascua. Y envió a Pedro y a Juan, diciendo: Id y preparadnos la pascua para que comamos. Y ellos le dijeron: ¿Dónde quieres que la preparemos? Y Él les dijo: He aquí, cuando entrareis en la ciudad, os encontrará un hombre que lleva un cántaro de agua; seguidle hasta la casa donde entrare, y decid al padre de familia de esa casa: El Maestro te dice: ¿Dónde está el aposento donde he de comer la pascua con mis discípulos? Entonces él os mostrará un gran aposento alto, dispuesto; preparad allí. Fueron, pues, y hallaron como les había dicho; y prepararon la pascua"

Centremos nuestra atención en el hombre que llevaba el cántaro de agua. ¿Quién era? Cuando leemos la Biblia, generalmente hacemos la conexión mental entre agua, cántaros, y la actividad justamente de llevar el vital líquido o sacarlo de un pozo; en esa conexión salta a la vista que son las mujeres las que la realizaban. Si la idea de tener a un hombre llevando un cántaro de agua nos suena fuera de lugar, tenemos que pensar que para la cultura, usos y costumbres de aquella época resultaba no sólo insólito sino incluso chocante.

¿De cuánto tiempo conocía Jesús a este hombre? No lo sabemos, pero sí podemos inferir que este hombre tuvo un encuentro con Jesús, y no fue rechazado. Jesús no sólo impacta la vida de este hombre, sino que aún nos deja por escrito una gran lección: cualquier persona es un instrumento en Sus manos. Este hombre colaboró para que Jesús y sus discípulos prepararan la Pascua.

Lo siguiente que quiero hacer notar es que Jesús les pide a sus discípulos que tengan un encuentro con este hombre. Jesús desafió a estos rudos hombres a quebrar todo convencionalismo para encontrarse con un individuo que tampoco cumplía con los estándares de aquella época.

Como discípulos de Cristo, en la era moderna, también estamos siendo desafiados para romper paradigmas, para impactar la vida de personas que tampoco cumplen con nuestros estándares. ¿Tomaremos la misma actitud de obediencia? ¿Cumpliremos el anhelo del corazón del Maestro?

Reconozco que estoy al borde de la interpretación teológica, pero me gusta pensar que los discípulos invirtieron aún más tiempo en el hombre del cántaro de agua, y que esta respuesta se vio reflejada en la enseñanza hacia la iglesia: "Ya no hay judío ni griego; no hay esclavo ni libre; no hay varón ni mujer; porque todos vosotros sois uno en Cristo Jesús (Gálatas 3:28)", y me gusta pensar que al invertir tiempo de calidad con personas quebrantadas en todas las áreas, el cuerpo de Cristo desde un inicio fue una comunidad restauradora, donde Dios transformó a muchos, de tal forma que podemos leer en 1 Corintios 6:9-11: "¿No sabéis que los injustos no heredarán el reino de Dios? No os engañéis: Ni los fornicarios, ni los idólatras, ni los adúlteros, ni los afeminados, ni los que se echan con varones, ni los ladrones, ni los avaros, ni los borrachos, ni los maldicientes, ni los estafadores, heredarán el reino de Dios. Y esto erais algunos de vosotros; mas ya sois lavados, ya sois santificados, ya sois justificados en el nombre del Señor Jesús, y por el Espíritu de nuestro Dios"

A estas alturas ya sabemos cómo reaccionaron Jesús y los discípulos ante las personas diferentes. Desde el antiguo testamento podemos observar que Dios tiene especial cuidado de los extranjeros, las viudas y los huérfanos, debido a la marginación y el rechazo que se les propinaba.

¿Cuál será nuestra actitud ante personas diferentes como los homosexuales? En el pasaje de 1 de Corintios leímos que algunos de los congregantes en la iglesia habían sido homosexuales; en algún momento de su vida dejaron de serlo, fueron "lavados, santificados y justificados" No debemos perder de vista que la homosexualidad no fue una categoría especial, sino que se menciona justamente junto con las personas que también habían sido fornicarias, idólatras, adúlteras, ladronas, avaras, borrachas, maldicientes y estafadoras.

La Biblia menciona que fueron transformados "en el nombre del Señor Jesús, y por el Espíritu de nuestro Dios" De eso no nos cabe la menor duda, pero mi inquietud es ¿Cuál fue el papel de la iglesia en la vida de estas personas?

Voy más allá, ¿Cuál es papel de los varones cristianos en la restauración de los homosexuales?

Tal y como vimos en un capítulo anterior, a la fecha no existe estudio científico alguno que pueda afirmar que la homosexualidad es genética, o producto de algún desorden fisiológico, glandular o influencia hormonal. La investigación sugiere que la homosexualidad es causada por diversos factores entre los cuales se encuentran la crianza, el temperamento, la respuesta propia ante los eventos traumáticos, la autoimagen, la falta de nutrición emocional, el sentimiento de abandono y una pobre conexión con los padres.

Por tanto, la cuestión no es si los homosexuales pueden ser restaurados, sino cómo podemos ayudar a que se sientan aceptados, seguros y amados para que Dios sea quien se glorifique en sus vidas. ¿Cómo podemos contribuir con nuestro granito de arena en la obra que Dios está haciendo en las personas?

En primer lugar, aún y cuando no tengamos las herramientas suficientes, o la experiencia necesaria, lo que sí podemos hacer es amar; en forma incondicional, tal y como Jesús lo haría. El cliché tan trillado de "Dios ama al pecador, pero aborrece el pecado" se convierte en un obstáculo que nos impide llegar al corazón de las personas que luchan con homosexualidad indeseada. ¿Acaso ellos no saben que su estilo de vida está en oposición con lo que dice la Biblia? Toda su vida han escuchado eso, y no necesitan que por enésima vez alguien se los recite.

La cruz de Cristo, aún y cuando es el símbolo máximo del juicio de Dios, es al mismo tiempo la muestra más sublime de su amor. El amor de Dios grita más alto que el juicio, como dice la Biblia: "La misericordia triunfa sobre el juicio" (Stg. 2:13), por lo que nuestra actitud y lenguaje deben ser de amor, más que de juicio.

Cristo murió por nosotros, aún cuando Él sabía que muchos de nosotros le rechazaríamos abiertamente. El amor incondicional no exige cambio, sino que ama a la persona en el estado en el cual se encuentra: "Te amo" y punto.

¿Seremos capaces de amar a las personas homosexuales, aún y cuando no quieran cambiar?

¿Podremos abrazar y amar al homosexual sin la tentación de decirle "tienes que cambiar"?

¿Podremos expresar "Te amo" sin tener que decir "aunque no estoy de acuerdo con tu estilo de vida"?

¿Algún día podremos decir "Te amo" sin tener que expresar "Dios no quiere que seas así"?

Para las personas que están leyendo esto, y han batallado toda su vida con homosexualidad, y no desean tener esos sentimientos, tengo que decirte que Dios te ama, en forma incondicional. No tienes que cambiar para que Dios te ame; él ya te ama, y nadie podrá callar el mensaje de la cruz porque en silencio rompe todas las voces, diciéndote que Él murió por ti, porque te amó, porque te quiere a su lado.

Por supuesto que la conducta homosexual es pecaminosa, pero no es un pecado más grande que la lujuria, o la fornicación, o cualquier práctica sexual fuera del matrimonio heterosexual monógamo.

Tenemos más interrogantes que respuestas, pero algo que necesitamos saber es que el cambio es posible, los homosexuales aún hoy día están siendo restaurados.

Algunos de mis amigos en la iglesia sabían que yo batallaba con la homosexualidad, pero debido a que me amaban, no me rechazaron y me ayudaron a salir adelante. Su amor se mostró en formas prácticas, oraban conmigo y por mí, me involucraban en sus actividades cotidianas, en sus reuniones y campamentos, me escuchaban, lloraban y reían conmigo. En pocas palabras, me invitaron a ser parte de sus vidas y eso marcó una huella imposible de borrar. Debido a que había sido víctima de abuso físico, sexual y emocional, en lo profundo tenía la convicción de que todos los hombres abusaban, rechazaban y abandonaban, pero con el correr del tiempo y a través del trato cotidiano con los hombres de la iglesia, mi concepto empezó a cambiar. Un buen día dije "Creo que no todos los hombres son malos"; un tiempo después: "Algún día me gustaría ser como uno de esos hombres", más tarde "No me siento aún como hombre, pero me siento como un hijo de Dios, y eso está bien para mí ahora", hasta que llegó un día en el que pude mirarme al espejo y decir "Gracias Dios por hacerme hombre, y por rodearme de hombres cristianos que han hecho que la vida valga la pena"

Como hombres cristianos debemos reflejar el amor de Dios en formas prácticas. La mayoría de las personas que están batallando con la homosexualidad no deseada han escuchado por años acerca del amor de Dios, pero las actitudes de las personas que les rodean envían un mensaje contradictorio.

Recuerdo que hace años en una iglesia miré a un hombre afeminado; cuando terminó la reunión pude observar que sólo unas cuantas mujeres lo saludaron. Ningún hombre se acercó siquiera. Este hombre se fue de la iglesia. ¿El resultado hubiera sido diferente si como varones cristianos hubiéramos tenido otra actitud?

Hace un par de años un amigo pastor acudió a uno de nuestros congresos sobre sanidad y restauración sexual. Cuando regresó a su iglesia, al final de la reunión dijo públicamente "Aquí los homosexuales son bienvenidos, queremos que ellos también sean impactados por Dios" Unos minutos más tarde se acercó un joven y le dijo "Pastor, es la primera vez que acudo a una iglesia, soy homosexual. Quiero seguir viniendo y que Dios transforme mi vida"

Este pastor acudió la primera vez conmigo debido a que por mucho tiempo ha ido siempre al mismo lugar para que le recorten el cabello. Con el tiempo estableció una conversación con un joven homosexual, el cual poco a poco le fue confiando su vida, hasta que un día le preguntó "¿Pastor, cree que Dios me ame? ¿Cree que Dios me pueda cambiar?"

Hace un tiempo clausuramos nuestro congreso internacional de sanidad y restauración sexual en Costa Rica. Fuimos invitados por una confraternidad de iglesias. El segundo día del congreso, uno de los pastores se paró al frente y dijo "A nombre de los pastores, y a nombre de la iglesia, quiero pedir perdón a todos los homosexuales por haberlos rechazado, por haber hecho chistes ofensivos acerca de ustedes, por no haber brindado la ayuda necesaria, por haberlos etiquetado..." Hombres y mujeres fueron impactados por esa declaración; no la esperaban, pero Dios usó ese momento para traer sanidad, ya que muchos pasaron al frente llorando. El pastor pidió que también pasaran al frente todos los pastores y que abrazaran a las personas que estaban ahí, y oraran por ellas. Fue un encuentro concertado por Dios para sanar viejas heridas que aún permanecían abiertas, para traer restauración, consuelo, aliento y esperanza.

Dios nos está llamando en este tiempo para ser hombres conforme a Su corazón. Hombres que abracen, que consuelen, que lloren con otros, que los involucren en sus vidas, que sean padres, compañeros, amigos y hermanos para aquellos que han tenido esas carencias, y que continuamente han sido rechazados, vejados o violentados: los homosexuales.

Dios desea que nos involucremos en formas prácticas, enseñándoles cosas que no aprendieron en su momento, que desaprendan viejos patrones de comportamiento y que aprendan nuevas formas de conducta: cómo abrazar, cómo saludar, cómo escupir, cómo lanzar la pelota, cómo jugar futbol, cómo relacionarse con las chicas, cómo vestir, cómo caminar, cómo enfrentar los obstáculos del día a día en la vida de los hombres, porque finalmente las luchas e interrogantes que enfrentan son por el hecho de ser hombres, no por ser homosexuales.

¿Aceptaremos este reto? ¿Nos involucraremos en las vidas de las personas que Dios nos llamó a ministrar?

8. ¿CUÁL ES EL SECRETO?

¿**R**ealmente podemos cambiar?

¿Cómo nos damos cuenta si estamos dejando atrás la homosexualidad?

Antes que nada debo decir que el cambio sí es posible, aunque toma tiempo. Dios en su soberanía permite que vayamos conquistando diferentes áreas de nuestra vida, como ocurrió con el pueblo de Israel cuando conquistó la tierra prometida, Dios le dijo que no conquistarían toda la tierra de una sola vez, sino poco a poco para que las fieras del campo no se aumentaran en el territorio. De la misma forma, tenemos que conquistar primero algunas partes de nuestra vida, dominar esas áreas y continuar con la siguiente para que no seamos abrumados y la conquista sea plena.

Por otro lado, y ya en la parte práctica, hay varias cosas que podemos identificar *para darnos cuenta de que estamos avanzando*:

1. **Sobriedad sexual**. Esto implica que ya llevamos un tiempo de no mantener relaciones sexuales con otra persona. Con el tiempo serás capaz de identificar y controlar los factores que llevan a masturbación o fantasías.

2. **Equilibrio emocional**. La persona es capaz de reconocer cuando se presenta una tentación, lo que debe hacer para no caer e identificar la raíz de la misma (factores y heridas emocionales del pasado). El sube-baja emocional y la depresión tendrán un menor índice de cambios repentinos.

3. **Comunión**. La persona está reuniéndose regularmente en una comunidad cristiana que le ayuda a crecer espiritualmente y a fortalecer su fe.

4. **Rendición de cuentas**. En esta parte el luchador busca la manera de estar en un grupo o con una persona madura que le confronte y con la cual pueda ser transparente para compartir caídas, tentaciones, debilidades, en fin, para rendir cuentas de su vida.

5. **Capacidad de mantener relaciones sanas con el mismo sexo**.

6. **Relaciones heterosexuales más profundas**.

Cada proceso es diferente, pero también debemos entender que algunos lucharemos más tiempo que otros y la sanidad completa sólo se logrará hasta que Cristo regrese por nosotros. Mientras tanto, en esta vida seguiremos teniendo luchas y tentaciones, pero su intensidad disminuirá gradualmente y seremos capaces de lidiar con ello de forma más eficaz que en el pasado. No será algo que nos controle, sino "una piedrita en el zapato"

Ahora ya tienes un panorama de algunas de las cosas que podrás ir conquistando poco a poco. La cuestión entonces es ¿Cómo llego ahí?

A lo largo de los años en que he aconsejado cristianos que quieran dejar atrás su estilo de vida homosexual, empecé a observar que algunos empiezan a caminar entusiasmados, pero tiempo después abandonan el proceso y vuelven atrás. Otros tantos se quedan a medio camino, y otros más realmente tienen buenos avances. Y es entonces que me di cuenta que hay ciertas *características que presentan las personas que logran superar un estilo de vida pecaminoso*, las cuales quiero compartir contigo.

1. **Hablan de sus emociones**.

    Muchos de los triunfadores (así es como le decimos a los cristianos que están dejando atrás un estilo de vida homosexual) han crecido siendo "buenos chicos", preocupándose por otros e ignorando sus propios sentimientos. Algunos de ellos son incapaces de distinguir cuando están airados, ansiosos, enojados, tristes, alegres, etc., así es que la mayoría no puede expresar verbalmente lo que siente, por lo que entonces los demás no pueden saber qué es lo que están pensando o si hay algo que les molesta. Hay muchos triunfadores que incluso no saben que está bien sentir enojo, siempre y cuando seamos capaces de expresar ese enojo a las personas adecuadas y de forma constructiva.

Es necesario que el consejero ayude al triunfador para que pueda expresar sus emociones, y que con el tiempo sea capaz de darles nombre. A veces, algunas personas simplemente dicen "Siento como que quiero salir corriendo de aquí", y les ayudamos diciendo que eso se llama ansiedad. Algunos dicen que tienen ganas de llorar y les decimos que eso se llama tristeza o melancolía, y que está bien sentirlo; les ayudamos a ver más allá de sus emociones y saber que éstas revelan cosas aún más profundas, los estados de ánimo son expresiones no verbales de cosas más profundas y cuando les dan voz, ayuda a que la persona madure emocionalmente.

2. **Toman decisiones**.

Algunas personas sencillamente dejan que otros manejen su vida, su tiempo y sus decisiones; algunos fueron abusados sexualmente, es decir, otros invadieron sus límites, usaron su cuerpo y decidieron por ellos de una forma violenta o sutil, lo cual les dejó con sentimientos de impotencia e incapaces de enfrentarse a la vida; de ahí que no pocos triunfadores sólo dejan que la vida siga su curso, y son espectadores pasivos de lo que sucede, "se dejan llevar" como dicen algunas personas. Por eso es necesario que el consejero le ayude a ver que cada persona es responsable por cada decisión que toma, y ayudarle a hacer sus propias elecciones, fortaleciendo así la voluntad y el sentido de control ante la vida.

Algunos triunfadores tienen un encuentro con Dios y esperan que Él quite los sentimientos, que cambie las circunstancias, que coloque a las personas y modifique las emociones y el comportamiento, cuando es el triunfador, mediante la ayuda del Espíritu Santo, quien es facultado para decidir, y también para ser responsable de las consecuencias de esas decisiones. Aún si las decisiones son pospuestas, eso significa una "no decisión", ha decidido no elegir, ha decidido no tomar en sus manos una responsabilidad, ha decidido evadir su crecimiento. Las personas que superan una vida de quebranto y adicciones, toman decisiones, deciden dejar atrás, deciden ser radicales, deciden dejar atrás las amistades con el mundo, deciden no ser más víctimas de las circunstancias sino ser actores de su propia vida. Como la misma Biblia dice: "He puesto delante de ti la vida y la muerte, la bendición y la maldición; escoge, pues, la vida, para que vivas" Dt. 30:19

3. **Buscan ayuda**.

No somos entes aislados, sino que todos interactuamos con otras personas en cada etapa de la vida, cada uno de nuestros días. Una amiga dice que "Enfermamos en grupo, por lo cual tenemos que sanar en grupo"[16]. Las personas que logran superar un estilo de vida pecaminoso, destructivo o de quebranto, son capaces de tomar la decisión de pedir ayuda, de hacer partícipes a otros de sus luchas, y de ser bendecidos siendo ayudados. Al no buscar ayuda, muchas personas sólo están expresando cierto orgullo, de forma no verbal están diciendo que ellos son capaces de lidiar con todo, de salir adelante sin la ayuda de nadie; quizá en el fondo lo que temen es ser rechazados y heridos de nuevo, pero podemos ir a Dios en oración y pedirle que Él ponga a las personas adecuadas en nuestro camino para que podamos ser humildes en reconocer que no podemos hacerlo todo, que otros tienen habilidades que pueden ayudarnos, y que podemos recibir esa ayuda.

Puedes pedir ayuda a un consejero, a un amigo de la iglesia o a un matrimonio que quiera escucharte y caminar contigo. Siempre habrá el riesgo de que la gente nos decepcione, pero no dejes que eso te haga perder la bendición de encontrar a personas maravillosas en el camino. Nadie ha podido salir adelante solo, siempre necesitaremos la ayuda de amigos; es parte también de renovar la mente, de aprender nuevos patrones de comportamiento, de ser vulnerables ante los demás y en ese proceso Dios obrará. Recuerda que ante todo, pero sin hacer a los amigos a un lado, Él es tu ayuda,

---

[16] Carvalho, Esly. Comunicación personal, 2011.

Dios siempre estará ahí: "No temas... Soy tu Dios... Siempre te ayudaré..." Is. 41:10

4. **Están altamente motivados**.

Seguramente has pasado por alguna situación en la que creíste que no podías hacer tal y cual cosa, y de pronto tus amigos o familia te animaron para dar el paso de fe, para lanzarte al vacío, o simplemente para intentar algo diferente, y quizá la experiencia haya sido grata. Pues bien, en el caso de este proceso de restauración, necesitarás toda la ayuda posible.

El Dr. Irving Bieber dijo en una ocasión que: "... un cambio hacia la heterosexualidad es posible para los homosexuales que tienen una fuerte motivación para cambiar" (. Bieber, Irving (et al). "Homosexuality: A Psychoanalytic Study" New York, Basic Books; 1962, 358 p.), y el libro de hebreos dice que corramos con paciencia la carrera de la fe, que nos quitemos el peso de aquellas cosas que nos abruman, que no pongamos la mirada en el pasado, sino que pongamos los ojos en Jesús, y que hagamos nuestras las porras y las palabras de ánimo de la multitud de testigos que nos rodea (bueno, en realidad esto último no lo dice así, pero me gusta pensar de esa forma). Así que toma toda la motivación de la que seas capaz, y desecha esos argumentos que te dice que nunca podrás, que no saldrás adelante, que no llegarás muy lejos, no necesitas ese tipo de comentarios. Dios te dice en Su Palabra, que si crees, "Al que cree, todo le es posible"

5. **No viven de apariencias**.

Es lamentable, pero he visto tantos casos de triunfadores que, por temor al rechazo o a la falta de aceptación, empiezan a aparentar que todo va bien con su proceso de restauración; ellos mismos quisieran que su situación estuviera mejor, pero finalmente Dios va trabajando en Su tiempo, y no se trata de una carrera o competencia. Desafortunadamente no es el caso aislado de los triunfadores; hay cristianos que aparentan ante los demás que no tienen luchas, o que si las hubo, ya están superadas por completo y de pronto dicen "Dios me restauró por completo, ya no batallo más, ya quedó TODO en el pasado". Cuando sucede esto, el proceso de restauración se ve estancado, ya no hay más avances, pero lo peor de todo es que cuando aparece alguna lucha o tentación, debido a la simulación, nuevamente se vuelve a esconder, por lo que se convierte en un círculo vicioso del que es difícil de escapar.

Las personas que logran superar su condición de quebranto no viven de ningún tipo de apariencias, son muy sinceros al comentar sus avances y luchas, pero al mismo tiempo son humildes para reconocer que dependemos de Dios y Él es quien nos guía y conduce hacia mejores pastos, aún cuando en el camino sigamos batallando con la carne, el diablo y el mundo. En Salmo 44:21 la Biblia menciona que Dios conoce los secretos del corazón, así que lo mejor que podemos hacer es admitir, no sólo ante Dios, sino ante nuestros mentores y amigos que caminan con nosotros en esta jornada, que quizá no todo está tan bien, que tal vez tuvimos algún tipo de retroceso y que en otras áreas no ha habido avance alguno pero a pesar de eso seguimos colocando nuestra vida a los pies de Cristo y confiando humildemente que Dios obrará.

6. **Se aceptan a sí mismos**.

Qué maravilloso es cuando aprendemos a ser íntegros, lo cual quiere decir que estamos completos, que en Cristo somos plenos, pero también que somos capaces de reconocer nuestras luchas como parte intrínseca de nosotros. Un buen número de triunfadores se pasan el tiempo llorando, lamentando y preguntándole a Dios "¿Porqué? ¿Porqué a mi? No puede ser que esto esté sucediendo, y menos a mi". El primer paso hacia una sanidad más plena es la aceptación; nótese que no estoy hablando de resignación, de una actitud de pasividad frente a las circunstancias, y de impotencia ante lo que no podemos cambiar; no es eso, estoy hablando de aceptación, de reconocer que verdaderamente hay algo que está mal y que Dios en su soberanía restaurará de acuerdo a Sus planes, conforme a Su voluntad. Y hay que reconocer que, como dice Salmo 139:13-18, Dios nos formó y estamos maravillados de todas las cosas que estaban escritas en Su libro, aún antes de que fuéramos concebidos.

Los triunfadores que logran abrazar su lucha, para después entregarla a los pies de la cruz de Cristo, se despojan de una pesada carga; ya no tienes que luchar con ello, Cristo ahora pelea tus batallas.

7. **Desarrollan confianza**.

La falta de confianza se debe a que en una buena parte de la niñez, percibimos el mundo como hostil; no era seguro vivir en el mundo, las personas que se supone deberían cuidar de nosotros, o no hicieron bien su función, o se descuidaron. Una serie de eventos traumáticos se encargaron de afianzar lo que ya dábamos por cierto; el rechazo de las personas y la violencia verbal, física o sexual acabó de minar la comunicación con el mundo, inclusive con Dios, después de todo, ¿Donde estaba Él cuando el mundo se nos venía encima? No confiamos para no volver a ser lastimados, no abrimos nuestro corazón para no ser heridos, no contamos las luchas para que no se vuelva a hacer un chisme sobre eso. Es lamentable que eso haya sucedido, pero también hay que reconocer que sigue habiendo personas que nos ayudarán, y que son dignas de confianza. De cualquier forma ¿Qué podemos perder que no hayamos perdido ya?

En ese proceso de volver a confiar, necesitamos reconectarnos con Dios, y saber que, tal y como dice 1 Juan 5:14, podemos confiar en que Él nos oye, él conoce cada una de nuestras necesidades y sabe la forma sana y adecuada para suplirlas. No estamos solos ni desamparados en el mundo; hay un Dios que se compadece de nosotros, necesitamos confiar de nuevo, no sólo en las personas, sino en la capacidad para salir adelante, para lograrlo, sí podemos llegar a la meta.

Me gustaría compartir contigo un pensamiento que escribí hace poco, como resultado de un tiempo difícil pero al mismo tiempo maravilloso en el que Dios estuvo tratando con mi esposa y conmigo. Dios te sacó de la tierra de Egipto para llevarte al desierto, para formar en tu vida el carácter de Jesucristo, para que puedas dar frutos de arrepentimiento, lo cual quiere decir que si en verdad estás arrepentido, permitirás que Dios le dé un giro a tu vida, y también tomarás decisiones adecuadas y harás lo necesario para que el arrepentimiento sea visible en la forma en la cual piensas y actúas. Todos los días trabajarás en tu relación con Dios, contigo mismo y con los demás, hasta que el arrepentimiento produzca frutos visibles y nuevas formas de pensamiento, una transformación de la mente y nuevos patrones de conducta serán algo natural en ti.

Un encuentro con Dios no cambia la vida, la trastorna, pone de cabeza tu mundo. Significa dejar atrás lo que hasta ahora considero importante, mirar con los ojos de la fe, no con ojos carnales. Cuando tienes un encuentro con Dios nada permanecerá igual. El fuego de Su Espíritu Santo quemará hasta doler, la unción pudrirá todo yugo, un olor fétido emergerá, significando que algo se está descomponiendo: las estructuras mentales, la forma de hacer las cosas, las herramientas humanas.

Es ahí cuando llegamos al límite de nuestras fuerzas, ya no hay más a dónde correr, no hay a quién acudir, no hay recursos, se agotaron, las lágrimas se agotaron, el corazón quedó seco, y entonces empezamos a morir... Sólo cuando morimos, Dios impartirá Su vida para resucitar Sus sueños, Sus planes, Sus propósitos; tenemos que morir para vivir.

Otras personas en el pasado han tenido encuentros con Dios. Abraham quedó sin patria, José sin hermanos, Jacob quedó cojo, David quedó solo, Daniel quedó sin fuerzas, Jesús sin amigos (y sin vida, de paso), Pablo quedó ciego. No hay gloria sin muerte, no hay destino sin pagar el precio, no hay sanidad sin dolor, no hay cielo sin Cristo.

Y en medio de ese dolor, sólo Dios estará ahí, hay momentos que sólo pueden pasarse a solas con Dios, encontrándonos en Su presencia, sin nadie más, sin intermediarios, sin esperanzas, sin expectativas, sólo con Él. Pero justamente es ahí en Su presencia que somos sanados, restaurados, levantados, comisionados, es así que podemos entender cuando Dios nos dice "Bástate mi gracia, porque mi poder se perfecciona en tu debilidad"

¿Alguien quiere pagar el precio?

9. VOLVIENDO A LAS SENDAS ANTIGUAS... LA HISTORIA DEL RONCADOR Y SU FAMILIA

En Génesis 11 leemos la historia tan interesante de un hombre llamado Taré, hijo de Nacor; no sabemos qué significa el nombre de Taré, pero el de su padre, significa "El roncador". Me llama la atención que Taré no era un hombre promedio, más bien era alguien fuera de lo común. Si leemos unos versos antes, podemos notar que la mayoría de los hombres de su familia, y seguramente también sus amigos, tenían a su primer hijo en promedio a los treinta años, pero él se sale de la norma porque tuvo a su primer hijo a los setenta. No sabemos si Taré era un soñador y esperó más tiempo para casarse, para encontrar al amor de su vida; quizá se dedicó a viajar por Mesopotamia antes de asentar cabeza. Pudiera ser que se casó y tuvo algunas dificultades para concebir, y ninguno de los sabios de Ur pudo darle solución. Pudiera ser que buscó entre los dioses alguno que le hiciera el milagro de ser padre, y ninguno pudo. Pudiera ser que al final de su búsqueda, cuando ya todo parecía perdido, escuchó hablar del Yo Soy, como un Dios que había obrado portentos en sus antepasados, diez generaciones atrás. Pudiera ser que Taré buscó a Dios afanosamente, incesantemente, buscó en las sendas antiguas, preguntó a los más ancianos; quizá Dios quería ser encontrado y había puesto en Taré hambre por Su presencia, un anhelo por Él, un fuego que no se apagaría, una sed que no sería saciada hasta encontrarle. Quizá le encontró, y seguramente así fue, Taré encontró al Dios de sus padres, a quien hizo suyo. Dios le concedió a Taré el gran privilegio de ser padre, y tuvo tres hijos: Abram, Nacor y Harán.

El nombre de Abram quiere decir padre enaltecido; el de Nacor: "Roncador" y el de Harán: "Alpinista"

Quizá en aquellos tiempos se acostumbraba poner el nombre a los hijos no al momento del nacimiento, sino algunos días o semanas, incluso meses, después. Puedo imaginar al orgulloso Taré cuando tuvo a su hijo primogénito: Abram; no había hombre más orgulloso, más dichoso, más enaltecido que Taré, quizá de ahí el nombre para su hijo.

Bueno, el nombre de Nacor lo dice todo, sólo espero que su esposa no haya padecido las cualidades que denotaban el buen nombre de este segundo hijo de Taré, que de paso sea dicho, llevaba el mismo nombre de su abuelo.

Y con el tercer hijo, el más pequeño, el consentido, sucede algo curioso. Taré decide que su hijo más pequeño sería el que llevaría a la familia a un nuevo nivel. Sus esperanzas estaban puestas en Harán, el que supera obstáculos, el que escala dificultades, el que lidia con los problemas, el que desafía a las montañas, ese era Harán, el alpinista.

Quizá Harán se ganó a pulso ese mote, y por lo tanto, su nombre. Quizá le gustaba gatear por encima de los juguetes de sus hermanos, en lugar de esquivarlos, quizá le gustaba trepar por el sillón sobre el regazo de su padre, y escalar poco a poco hasta llegar a sus brazos; me imagino el rostro de satisfacción de Taré y todos los planes que bullían en su mente al contemplar a este pequeño.

Podemos leer que Taré se había preparado junto con toda su familia para salir de Ur, de tierra de los caldeos, la llamada tierra de luz, la capital del conocimiento, la morada de los dioses, un lugar de placer y sensualidad. Dios llamó a la familia y les dijo que fueran a la tierra de Canaán.

Harán tuvo un hijo, al que le puso por nombre Lot: "Velo", algo incierto se cernía sobre la vida del clan y la familia; tal vez no era algo malo, sencillamente Dios estaba llamando a la familia a ir a la tierra prometida, por lo que consideraron que el futuro, aunque promisorio, por ahora estaba vedado, no había certeza, sólo esperanza.

Y de pronto, podemos leer que el hijo consentido de Taré, la esperanza de la familia, el que escalaba los obstáculos, murió en el camino. Qué tragedia, cuánto dolor pudo haber representado esta súbita ausencia para Taré, su esposa, sus hijos. La esperanza se evaporó en un momento, la incertidumbre de apoderó de Taré. Los otros hijos guardaron silencio porque su hermano se había ido de forma prematura.

Taré guardaba silencio y sus pensamientos se agitaban veloces en su mente: ¿Quién les ayudaría a superar los obstáculos que tenían por delante rumbo a la tierra de Canaán? ¿Acaso se cumpliría en ellos mismos el presagio de ir a una tierra cuyo nombre significa "humillado"? ¿Dios acaso quería acabar con ellos?

Muchos días Taré guardó luto por su hijo ausente, no tenía consuelo ni esperanza. Finalmente, después de varios meses, decidió que la tierra en la que había muerto su hijo llevaría su nombre: Harán, "el alpinista". Era el lugar perfecto: una tierra con un riachuelo que descendía de las montañas nevadas y que hacía del valle un lugar fértil junto al mar. Sus hijos, por cierto, nunca supieron que era a la tierra de Canaán a donde debían ir, así que Taré pensó que si no lo sabían, entonces cualquier lugar era bueno para llegar.

Taré decidió que vivirían ahí, no más peregrinaciones, no más desaciertos, no más incertidumbre, quizá en esta tierra podrían encontrar algo de paz.

¿No te parece interesante la historia de Taré? Quizá se parezca a la tuya, quizá Dios te está llamando para ir hacia delante, pero tú te has quedado estancado debido a alguna pérdida, al dolor, al sufrimiento, tus ilusiones y sueños se han quedado estancados y por tanto ya no pretendes, ya no te esfuerzas...

Quizá tienes en mente el nombre de una persona que amaste y te decepcionó, o que amaste y dejaste ir. Quizá diste un primer paso en esta peregrinación hacia la sanidad, quizá dos pasos, pero lo que viste, las pérdidas que empezaste a experimentar se empezaron a hacer más y más grandes hasta que el temor de quedar solo, o de perderlo todo invadió tu mente y tu corazón.

Tal vez miras a otras personas que están en la misma situación que tú y tratas de convencerte que nunca lo lograrás o que el costo es muy alto; pero echemos una nueva mirada al pasaje de Génesis.

La Biblia nos declara que Taré vivió doscientos cinco años, y murió; creo que el pasaje bien podría haber dicho que terminó de morir porque en realidad lo que tenía no era vida. Una vida larga, que bien pudo ser una vida de alguien que conquistó Canaán, se convirtió en simplemente una vida larga de alguien que sólo esperaba la muerte pues no tuvo la fuerza, ni el valor, ni la fortaleza, ni la decisión de superar sus propios miedos, fracasos y fantasmas.

El capítulo 12 de Génesis continúa con la historia de este clan familiar, e inicia con una palabra bastante curiosa: "Pero"; es decir: "a pesar de lo que sucedió", "aún en medio de las circunstancias", "aunque pasó todo esto", "no obstante", "con todo y esto", Dios decidió intervenir de nuevo en la historia.

Dios es un Dios de nuevos comienzos, le encanta poner en marcha toda la logística a favor de las causas perdidas, como era ésta. Tal vez en medio de la crisis que estaba viviendo Taré, algún día Abram oró en silencio: "Dios de mi padre Taré, ¿Puedes oírme? Quizá uno de esos días en que Taré y su familia estaban viviendo en la tierra de Harán, Abram se preguntó porqué su padre no era feliz, por qué siempre estaba mirando al horizonte con la mirada perdida y el llanto contenido.

"Dicen que el mar no tiene memoria" le diría Taré a Abram uno de tantos días; "me gustaría navegar en él hasta que se lleve mis recuerdos", "me gustaría sumergirme en sus aguas hasta que sus olas lentamente penetren en mi corazón y con ello mis emociones y mi corazón encuentren paz por fin"

Abram no podía ver a su padre así, pero se dio cuenta que desde hacía años que la situación estaba así, sin moverse, sin cambiar, sin avanzar, todo estaba estancado. Empezó a recordar que cuando su padre era feliz fue el tiempo que tuvo un encuentro con Dios. Esa fue una época gloriosa, tal parecía que su padre tenía todas las respuestas, así que Abram empezó a buscar afanosamente a Dios, quiso saber si había aún remedio. Su padre le había dicho que no había forma de encontrar a Dios, era Dios quien le encontraría, si quería.

Y es en medio de este valle del estancamiento, de la conformidad, de la falta de esfuerzo, de la cotidianeidad donde Abram se encontró de pronto. ¿Será que moriré en este lugar, tal como mi padre?

- Dios de mi padre Taré... ¿Puedes escucharme? No permitas que mis sueños e ilusiones mueran, no dejes que mis recuerdos ahoguen mi vida

- "Vete de aquí" pareció escuchar Abram con un susurro

- ¿Eres tú Dios, Dios de mi padre?

- "Deja esta tierra"

- Señor, mi familia ha vivido tanto tiempo en esta tierra, no querrá irse

- "Deja a tus parientes"

- Bueno, quizá ellos no quieran viajar, pero mi padre tampoco lo hará, es muy anciano para ir, ya no puede caminar

- "Deja a tu padre"

- Señor, ¿A dónde exactamente quieres que vaya?

- "Tendrás que confiar en mí, te lo revelaré más adelante"

En este pasaje de Génesis vemos que hay tres cosas fundamentales que acontecieron a Abram:

1) Hizo lo que Dios le dijo (obediencia)

2) Continuó haciendo lo que Dios le dijo, hasta llegar a la tierra de Canaán (perseverancia)

3) Dios se le apareció (una relación personal y profunda con Dios)

Son estas mismas tres cosas las que harán la diferencia entre quedarte estancado y cumplir con los planes de Dios. Hay personas que ya están caminando por este sendero, y seguramente piensas que jamás los alcanzarás, pero no es una carrera para competir con otros, es más bien una jornada personal. La obediencia a la Palabra, a los mandamientos, a los principios establecidos en la Biblia así como la perseverancia en caminar a pesar del desánimo, a pesar de las emociones y de lo que otros digan, y una profunda y personal relación con el Dios que nos creó, a través de Jesucristo, son los pilares de una vida comprometida con Dios, una vida que Dios diseñó para ti desde el mismo día que apareciste en Su pensamiento.

La obediencia de Abram trajo bendición, no sólo para su familia, sino también para el resto de las familias en la tierra, a través de Jesucristo. Este mismo sendero, estas sendas antiguas son por las que Dios quiere que camines para llegar a la tierra prometida.

Podemos ver cómo las circunstancias de Abram no habían cambiado, seguían siendo las mismas. Su familia seguía en luto por la muerte de Harán, y ahora también por la muerte de Taré, pero no hicieron nada por cambiar sus circunstancias, se quedaron estancados. Pero podemos leer que "Abram se fue como Jehová le dijo"; a él no le importó tomar decisiones radicales con tal de cumplir el propósito para el cual fue creado, con tal de dejar atrás el peso que le impedía crecer.

Lo maravilloso de todo es que leemos también "salieron para ir a tierra de Canaán; y a tierra de Canaán llegaron" Cuando Dios te hace un llamado, ten por cierto que Él proveerá lo necesario y te guiará por el sendero adecuado para que puedas llegar a tu destino. Puedes notar que Canaán no fue la meta que Abram se propuso, sino que fue la tierra que Dios le mostró. Él sabe a donde debemos llegar, Él conoce el propósito para el cual te formó, Él te conduce, y a pesar de que muchas ocasiones tomamos malas decisiones y por causa del pecado en el mundo, las circunstancias no son las mejores, Dios hace con todo eso algo bueno; Él redime el tiempo, Él restaura vidas, Él te ayudará, te sanará, te llevará hasta buen puerto.

Quizá hayas fijado como meta en tu vida cambiar la orientación sexual, ser transformado de homosexual a heterosexual, pero esa no es la tierra a la que Dios te ha llamado. Él te está haciendo un llamado a vivir en santidad, te está dando una identidad de hijo de Dios, te está revistiendo de justicia, te está rodeando de misericordia y promete que te dará una vida abundante.

¿Serás capaz de dejar atrás tu propio dolor y tomar decisiones para la eternidad? ¿Tomarás el reto de salir del estancamiento en el cual estás? ¿Tendrás la valentía de volver la espalda al valle de Harán, al mar del olvido, a la conducta de placer y complacencia, y mirar hacia adelante caminando por fe, confiando en Dios, tomando el sendero hacia Canaán?

Abram dijo que si, y fue bendecido. Dile sí a Dios, toma una decisión hoy, calcula el costo y disponte a pagarlo, tu vida no será igual. Entrega a Dios tus propias metas, tus anhelos, tus sueños y deja que Sus planes, Sus propósitos y Sus caminos te sean revelados.

Tienes en tus manos la historia de mi propia jornada, una guía de sobrevivencia. Quizá, y lo más seguro, tu historia será diferente. Y ahora ¿qué hago? Toma decisiones, muévete, no te quedes en el mismo lugar; seguramente en el futuro alguien más será inspirado con tu historia, tal y como espero que la mía te haya inspirado para decirle Sí a Dios. Quizá no es tu deseo inspirar historia alguna, pero el precio de una vida abundante bien vale la pena; puedes, como Taré y Abram, volver a las sendas antiguas para encontrar a Dios (o más bien, ser encontrado y capturado por Él), te aseguro que tu vida jamás será la misma.

Si este libro te bendijo, o si tienes algún testimonio o comentario relacionado con el mismo, me encantaría leer sobre ti; puedes escribirme a:

exgaybook@gmail.com

www.ingramcontent.com/pod-product-compliance
Lightning Source LLC
Chambersburg PA
CBHW060818050426
42449CB00008B/1716